Vermessung der Utopie

Realität der Utopie 1

Über die Autoren:

Raul Zelik, geboren 1968, arbeitet im Grenzbereich
von Literatur, Sozialwissenschaften und politischem
Aktivismus. 2008-2013 Professor für Politik an der
Nationaluniversität Kolumbiens. Sein jüngster Roman
»Der Eindringling« erschien bei Suhrkamp (2012).

Elmar Altvater, geboren 1938, emeritierter
Professor für politische Ökonomie an der FU Berlin.
Seine Bücher über Globalisierung wurden Bestseller.
Altvater ist Mitglied im wissenschaftlichen
Beirat von Attac.

Raul Zelik / Elmar Altvater

Vermessung der Utopie

Ein Gespräch über Mythen des Kapitalismus
und die kommende Gesellschaft

BERTZ+FISCHER

Bibliografische Information der
Deutschen Nationalbibliothek
Die Deutsche Nationalbibliothek verzeichnet diese
Publikation in der Deutschen Nationalbibliografie;
detaillierte bibliografische Daten sind im Internet über
http://dnb.dnb.de abrufbar.

Inhalt

Editorische Anmerkung

Der Gesprächsband *Die Vermessung der Utopie* wurde 2009, unmittelbar nach Beginn der durch den Zusammenbruch von Lehman Brothers ausgelösten Finanz- und Wirtschaftskrise, verfasst und Ende desselben Jahres veröffentlicht. Die Krise des Blumenbar-Verlags, der zu diesem Zeitpunkt bereits faktisch insolvent war und in seiner ursprünglichen Form schon wenige Monate später nicht mehr existierte, ließ das Buch allerdings schon bald wieder aus den Buchhandlungen verschwinden.

Vor diesem Hintergrund beschlossen Bertz + Fischer sowie die Autoren, sich an eine aktualisierte Neuausgabe zu machen. Die ursprüngliche Gesprächsfassung von 2009 wurde dabei nur an einigen wenigen Stellen korrigiert, gekürzt oder aktualisiert. Insofern obliegt es der Leserin und dem Leser, den historischen Zusammenhang zu berücksichtigen und mögliche Fehleinschätzungen kritisch zu revidieren. Der letzte Abschnitt »Die Transformation und ihre Subjekte« hingegen wurde 2014/2015 verfasst und versucht zu erklären, warum der Neoliberalismus trotz seiner offensichtlichen Krise bislang bruchlos fortgesetzt werden konnte und wie sich ein politischer und gesellschaftlicher Widerstand dennoch formieren könnte.

RAUL ZELIK, ELMAR ALTVATER, FEBRUAR 2015

Vermessung der Utopie

RAUL ZELIK Vermessung der Utopie – das ist auf den ersten Blick ein einigermaßen sonderbares Unterfangen. Ein Nicht-Ort, »ein Land, das noch nicht ist«, lässt sich schlecht ausmessen. Vielleicht aber lässt sich zunächst bestimmen, wo dieses Land nicht liegt. Denn ich glaube, die gescheiterten Emanzipationsversuche in der Geschichte der Menschheit erlauben so etwas wie eine negative Vermessung; man kann daran ablesen, wie es nicht geht.

Der Zeitpunkt für ein solches Unterfangen ist gut. Oder besser gesagt: Die Krise seit 2007/08 zeigt, dass eine andere Politik erstens möglich und zweitens notwendig ist. Wir haben erlebt, wie schnell eine andere Strategie entwickelt werden kann, wenn die Bereitschaft dazu vorhanden ist. In der Bankenkrise sind innerhalb weniger Tage mehrere Hundert Milliarden Euro mobilisiert worden. In den Jahren zuvor hat man uns erzählt, dass die Finanzmittel, die nötig wären, um den Hunger zu beseitigen oder die afrikanischen HIV-Infizierten mit Medikamenten zu versorgen, nicht vorhanden seien – obwohl hierfür ein Bruchteil der jetzt mobilisierten Gelder ausgereicht hätte.

Kursänderungen sind also offensichtlich jederzeit möglich, wenn das nur gewollt wird; wenn es den herrschenden Interessen entspricht. Anders ausgedrückt: Hunger oder die afrikanische Aids-Katastrophe sind das Ergebnis des herrschenden politischen Willens.

Zum anderen wird in der Krise sichtbar – es handelt sich ja eigentlich um mehrere Krisen, aber darüber werden wir noch sprechen –, dass Alternativen dringlicher werden. Es geht dabei nicht um einen Schönheitswettbewerb zwischen Systemen; darum, sich eine »bessere Welt« auszudenken. Das Überleben der Menschheit oder genauer gesagt: von Teilen der Menschheit ist durch die sich abzeichnenden Entwicklungen in Frage gestellt.

ELMAR ALTVATER Ich weiß nicht, ob man etwas negativ vermessen kann. Mir fällt bei »Vermessung der Utopie« zunächst einmal der Roman Daniel Kehlmanns ein, der *Die Vermessung der Welt* ja trickreich plausibel gemacht hat: Ein Theoretiker, der Mathematiker Gauß, deduziert die Welt und braucht dazu seine Heimatstadt, das beschauliche Göttingen, nicht zu verlassen; ganz anders der Empiriker Alexander von Humboldt, der möglichst in jedes Loch auf dem Planeten gekrochen ist, jeden Tümpel durchwatet und jeden Gipfel bestiegen hat, um möglichst alle Welt zu vermessen und Wissen aus ihr herauszuholen.

Dieses Wissen in ein System zu bringen und die Regeln dieses Systems zu verallgemeinern, bringt die Wissenschaft hervor. Diese wiederum war und ist Autorität, kann sie doch den Gang der menschlichen und natürlichen Entwicklung in der Vergangenheit, Gegenwart und vielleicht in der Zukunft begründen.

RAUL ZELIK Das zumindest ist die Hoffnung, ihr selbst erklärter Anspruch …

ELMAR ALTVATER Wo nun gemessen werden kann, ist Utopie nicht nur ein Nicht-Ort, »ein Land, das noch nicht ist« – nein, sie ist ein handfester Widerspruch. Das Konzept des Messens muss im und am Utopischen scheitern, und deshalb haben Utopien auch einen so schlechten Ruf. Der Fortschritt scheint von der Utopie weg hin zur Wissenschaft zu gehen, jedenfalls hat dies Friedrich Engels

so gesehen. Utopien messen zu wollen ist selbst ein utopisches, ein vermessenes Unterfangen.

In der Krise verschiebt sich das allerdings ein wenig.
Eine »Neuvermessung der Welt« ist plötzlich nichts gänzlich Utopisches mehr. Sie wird zum Thema der Realpoli-
tik, und so ist die als notwendig erachtete Neuvermessung
das Geschäft jener *think tanks*, die sich für die wissenschaftliche Beratung der Politik bezahlen lassen.

Wir wollen hier aber keine Politikberatung betreiben.
Die Utopie, um die es hier geht, hat mit einer anderen
Vermessung zu tun – wie sie in einem Text von Heinrich
Heine aus dem Jahr 1835 auftaucht. Darin heißt es:

»Wir haben die Lande gemessen, die Naturkräfte ge-
wogen, die Mittel der Industrie berechnet, und siehe,
wir haben herausgefunden, dass diese Erde groß genug
ist; dass sie jedem hinlänglichen Raum bietet, die Hütte
seines Glücks darauf zu bauen; dass diese Erde uns alle
anständig genug ernähren kann, wenn wir alle arbeiten
und nicht einer auf Kosten des andren leben will; und
dass wir nicht nötig haben, die ärmere Klasse an den
Himmel zu verweisen.«

Darum geht es oder sollte es uns gehen: Wir Menschen – die neun Milliarden, die wir bald sein werden
– können alle ein auskömmliches Leben haben, aber dafür müssen wir etwas tun und gleichzeitig vieles unter-
lassen. Wir müssen die Erde umgestalten, sie sozusagen
ökologisch herrichten. Denn in den wenigen Jahrhun-
derten seit der fossilen und industriellen Revolution ist
die Natur rücksichtslos ausgebeutet worden. Wir müssen die Klimakatastrophe verhindern und dafür sorgen,
dass der sich verschärfende Kampf um Rohstoffe nicht
in ein Gemetzel mündet. Wir müssen verhindern, dass

Finanz- und Wirtschaftskrisen die sozialen Gegensätze nicht noch weiter verschärfen.

Der 2012 verstorbene britische Historiker Eric Hobsbawm hat in einem Interview die Befürchtung geäußert, die Krisen des Kapitalismus könnten erneut zu einem großen und extrem blutigen Krieg führen. Ich hoffe sehr, dass das nur die Fantasien eines alten Mannes waren, der zwei Weltkriege und das von ihm so bezeichnete »Zeitalter der Extreme« miterlebt hat. Doch ich befürchte, dass Hobsbawm mit seinem Szenario Recht behalten könnte.

Die Maßgaben für ein utopisches Projekt liegen also auf der Hand: den Menschen auf Erden ein Auskommen zu ermöglichen und sie nicht länger auf das Paradies zu verweisen …

RAUL ZELIK … wobei es aber nicht nur um »Brot«, um die Grundversorgung der Menschen geht, sondern auch um etwas, das man allgemein und knapp mit dem Begriff des anderen, glücklicheren Lebens beschreiben könnte. Ein Leben, in dem Kommunikation, Arbeit, soziale Beziehungen einen anderen Stellenwert und Inhalt besitzen.

ELMAR ALTVATER Richtig. Aber auch da gilt: Utopien können vermessen sein, den Ansprüchen nicht gerecht werden. Dieses doppelten Sinnes sollten wir uns bewusst sein. Denn man kann der Gefahr nicht einfach entfliehen: Selbstverständlich können wir uns ver-messen, wenn wir über etwas sprechen, das nicht oder noch nicht existiert.

Wir brauchen also eine Reflexion über utopische Entwürfe und müssen beantworten können, inwieweit diese Entwürfe einigermaßen realistisch sind. Ob sie tauglich sind, müssen wir daran messen, ob sie den Menschen ein gutes Leben ermöglichen – in ökologischer, sozialer, politischer Hinsicht. Ob sie ermöglichen, die Grundbedürfnisse aller Menschen zu befriedigen, die Natur zu bewahren – aber auch, ob sie zu einer herrschaftsfreien Welt führen, in der die Menschen ihr Leben, auch ihr Arbeitsleben, selbst gestalten können und nicht nur Untertanen sind.

Wir müssen das versuchen, auch wenn wir wissen, dass jeder Versuch, diese Ziele zu verwirklichen, auf harten politischen Widerstand stoßen wird.

Zum Begriff »Ökonomie«

RAUL ZELIK Jede Utopie spiegelt die existierenden Verhältnisse wider – sie entwickelt sich als Kritik an diesen. Bevor wir über die Utopie sprechen, sollten wir also zunächst versuchen, die Verhältnisse zu vermessen, in denen wir leben. Beginnen wir mit dem Begriff der Ökonomie.

ELMAR ALTVATER Einverstanden.

RAUL ZELIK Dietmar Dath, einer der wenigen deutschsprachigen Schriftsteller, die heute antikapitalistische Positionen beziehen, hat 2008 das Buch *Maschinenwinter. Streitschrift für den Sozialismus* veröffentlicht. Darin heißt es:

»Selbstverständlich ist eine Gesellschaft schweinisch, die einerseits für ihre Spitzensportler Laufschuhe mit eingebauten Dämpfungscomputern bereitstellt, andererseits aber alten Frauen mit Glasknochen die Zuzahlung zum sicheren Rollstuhl verweigert und einen Pflegenotstand erträgt, für den sich tollwütige Affenhorden schämen müssten. [...] Selbstverständlich ist eine Gesellschaft widerlich, die all diese Dinge sogar in ihren leidlich gepolsterten Gewinnergegenden zulässt; [...] doch unanständig, schweinisch, obszön, widerlich: Davon rede ich nicht. Moral ist Glückssache und setzt Deckung der wichtigsten Lebensbedürfnisse voraus; meistens hat man andere Sorgen. Ich rede [...] davon, dass das alles nicht vernünftig ist und deshalb nicht funktionieren kann. Wer es sich kalten Herzens, wachen Auges anschaut und dann noch ruhig zu verneinen imstande ist, dass möglich sein muss, die Dinge besser einzurichten, ist nicht böse, sondern entweder faul genug, sich betrügen zu lassen, oder vom

Geburtszufall ausgelost worden, die im Ganzen seltene, vorläufig aber noch ganz einträgliche Elendsgewinnlerei betreiben zu dürfen, an der dieses Ganze krankt.«

Das scheint mir ein guter Ausgangspunkt zu sein: Das System, in dem wir leben, das wir leben, das durch uns lebt, ist nicht in erster Linie unmoralisch. Es ist vor allem unvernünftig, irrational, ineffizient.

ELMAR ALTVATER Das ist seit Beginn des Bürgertums bekannt. Einer der Ersten, der auf diese Unvernunft hingewiesen hat, war 1701 der Arzt und Philosoph Bernard de Mandeville, der in seiner *Bienenfabel* zeigte, dass das System nur bestehen kann, wenn die Menschen kleine Verbrechen und große Gemeinheiten begehen. Nicht die Tugend, sondern das lasterhafte, das »schweinische« Verhalten hält den ökonomischen Kreislauf in Gang und steigert so den »Wohlstand der Nationen«. Wo es kein Verbrechen gibt, braucht man keine Schlösser, wo es keine Schlösser gibt, braucht man keinen Schlosser, und wo es keinen Schlosser braucht, gibt es keine Arbeit. Anders ausgedrückt: Das Verbrechen ist nötig, damit diese Wirtschaft weiterläuft.

Mandeville hat das sehr schön, sehr ironisch und anhand vieler Beispiele dargestellt und gezeigt, wie aus dem privaten Laster öffentliche Tugenden entstehen können. Eine Gesellschaft, die das private Laster – die Verdrängung des Anderen – braucht, um eine öffentliche Tugend – ökonomischen Zugewinn – herzustellen, kann aber nur unvernünftig sein.

Wir könnten außer Mandeville sicher noch zahlreiche andere Beispiele aus der Literatur und der Wissenschaft finden, die die Irrationalität des Kapitalismus kritisch aufspießen.

RAUL ZELIK Man könnte es auch so ausdrücken: Die Marktwirtschaft ist ein paradoxes System. Der Markt existiert, weil wir die anderen, weil wir die Gesellschaft brauchen. Von den Früchten seiner spezialisierten Arbeit kann niemand leben. Kein Bäcker kann tausend Brötchen am Tag essen. Und ein Büroangestellter zieht überhaupt keinen Gebrauchswert aus den von ihm durchgearbeiteten Dokumenten. Erst durch die Vergesellschaftung unserer Arbeit erhält diese einen Nutzen.

Paradoxerweise funktioniert die Vergesellschaftung unseres Lebens über den Markt, wo wir uns als Konkurrenten begegnen und Verdrängungskämpfe miteinander oder besser: gegeneinander führen. Die Arbeitsteilung beruht also auf Kooperation – der Markt hingegen auf Konkurrenz und Kampf.

Nun könnte man behaupten, dass der Markt in der Vergangenheit immer wieder über lange Zeit ganz gut funktioniert hat. Volkswirtschaftler haben das damit erklärt, dass Konkurrenz und »harte Budgetrestriktion« – also die Drohung, pleitezugehen – die Marktteilnehmer dazu veranlassen, sparsam und effizient zu handeln. In den Krisen zeigt sich jedoch die verschwenderische Seite des Marktes auf drastische Weise: In der Krise seit 2007/08 sind Werte in Milliardenhöhe zerstört worden. Um die Preise unverkäuflicher Waren zu halten, werden mühsam hergestellte Güter vernichtet – gerade auch Nahrungsmittel. Und der Klimawandel schließlich ist ein deutliches Anzeichen dafür, dass der Kapitalismus dabei ist, unsere Lebensgrundlage zu zerstören.

In dieser Hinsicht ist die Ökonomie, mit der wir es zu tun haben, gänzlich unökonomisch.

ELMAR ALTVATER Der Erste, der dies systematisch kritisierte, war Karl Marx. Vance Packard hat 1960 ein mittlerweile fast vergessenes kulturkritisches Buch über *Die große Verschwendung* geschrieben (*The Waste Makers*), in dem er sehr viele Beispiele für Verschwendung, für die absichtsvolle Produktion von Müll innerhalb einer kapitalistischen Marktwirtschaft aufzählte. Vom Markt Rationalität zu erwarten ist naiv; die Enttäuschung ist gewiss.

Warum nun ist eine Marktwirtschaft verschwenderisch? Weil ihre Teilnehmer einer mikroökonomischen Rationalität folgen, die mit der makroökonomischen Vernunft nicht deckungsgleich ist. Das sehen wir in der gegenwärtigen Krise sehr deutlich. Das mikroökonomisch rationale Verhalten hat gesamtökonomisch eine Katastrophe ausgelöst. Wenn eine einzelne Bank Kredite aufnimmt, um damit Geschäfte mit höherer Rendite einzuleiten, sich also verschuldet, dann ist das mikroökonomisch völlig einleuchtend. Je geringer die Eigenkapitaldeckung und je höher die Summe vergebener Kredite, desto höher die Rendite. Doch wenn man das für alle Banken in Deutschland zusammenrechnet, kommt man auf Beträge, die wesentlich höher liegen als das haftende Eigenkapital dieser Banken. Was mikroökonomisch vernünftig ist, wird also auf gesamtökonomischer, systemischer Ebene irrational, weil dadurch das System insgesamt gefährdet wird. Der Gewinn der einzelnen Bank kommt durch ein Geschäftsmodell zustande, das für das Gesamtsystem auch die Pleite bedeuten kann, die dann wiederum die einzelnen Banken trifft. Und dazu kommt es, weil die einzelnen Banken jene Forderungen, die Rendite erbringen sollen, selbst erzeugen können. »Originate and distribute« lautet das »Sesam, öffne dich« zu Traumrenditen: Schaffe Wertpapiere, lasse dir den Wert durch eine Rating Agentur bestätigen und vertreibe die Papiere dann weltweit. Irgendein Global Player, der dumm genug ist, sie ins Portefeuille zu nehmen, wird sich schon finden. Doch können die Banken und Fonds die Einkommensflüsse, mit denen diese Forderungen real bedient werden müssen, nicht selbst herstellen. Das geht nur, wenn gearbeitet wird.

RAUL ZELIK Eigentlich lernt man so etwas in jedem Ökonomie-Einführungskurs: Betriebswirtschaftlicher und gesamtwirtschaftlicher Nutzen sind nicht identisch. Das ist der Grund, warum der Staat selbst in den liberalsten Ökonomien weiter eine bedeutende Rolle spielt. Einzelunternehmer scheuen zum Beispiel große Investitionen im Bereich Infrastruktur, wenn jene sich nicht oder erst zu spät amortisieren. Gesamtwirtschaftlich jedoch ist ein neues Kraftwerk, um ein Beispiel zu nennen, aber unzweifelhaft von Nutzen, weil es beispielsweise die Energiekosten verringert. Dass Mikro- und Makroökonomie, betriebs- und gesamtwirtschaftliche Rationalität auseinanderfallen, liegt auf der Hand. Warum ist das in der Debatte trotzdem so wenig präsent?

ELMAR ALTVATER Die (neo-)klassische These lautet, dass die unsichtbare Hand des Marktes dafür sorgt, dass das vernünftige, die eigenen Interessen verfolgende Handeln so ausgelesen wird, dass es zum größten gesamtgesellschaftlichen Nutzen kommt. Das wird den Studenten der Wirtschaftswissenschaften seit Generationen eingebläut: Es mag zwar einen Widerspruch geben, doch dieser kann durch den Markt aufgelöst werden.

RAUL ZELIK Was wäre dann aber Ökonomie im eigentlichen Sinne, wenn das, was die Wirtschaft der letzten Jahrzehnte bestimmt hat, offensichtlich nicht ökonomisch war?

ELMAR ALTVATER Geht man von Marx aus, besteht Ökonomie aus etwas Doppeltem. Da ist zum einen die stoffliche Transformation von Materie und Energie, die Gebrauchswertseite. Ohne Energiezufluss, heutzutage müssten wir sagen: ohne fossile Energien, würde nichts funktionieren. Das ist die stoffliche, die energetische Seite der Ökonomie.

Zum anderen gibt es die wertmäßige, monetäre Seite, die gewissermaßen im Widerspruch dazu steht, denn die Forderungen, die sich monetär erzeugen lassen, sind grenzenlos. Das Geldangebot kann heutzutage sehr leicht gesteigert werden. Man muss nicht mehr in der Erde buddeln, um Gold herauszuholen. Man braucht nicht einmal mehr Papierzettel. Geld kann einfach immateriell, in Form von Bits und Bytes, erzeugt werden.

Wir haben es also auf der einen Seite ganz offensichtlich mit einer Begrenztheit zu tun, zum Beispiel von fossilen Brennstoffen oder von der Aufnahmefähigkeit der Umwelt, was toxische Substanzen angeht. Wir können die gesellschaftlichen Naturverhältnisse nicht ausblenden, die so sehr mit der Ökonomie verwoben sind, dass sie sich von dieser nicht trennen lassen. Dem gegenüber steht die ungeheure Dynamik der wertmäßigen, monetären Ökonomie, die nur vom Eigeninteresse der Akteure bestimmt wird – ganz so, als seien diese Interessen losgelöst von der stofflich-natürlichen Seite. Der Systemtheoretiker Niklas Luhmann zeigt in seiner Schrift über die »ökologische Kommunikation«, zu welchen Absurditäten die Ausblendung der stofflich-energetischen Prozesse führt. Er schreibt nämlich, zur Ökonomie gehört alles, was mit Zahlungen und Nicht-Zahlungen zu tun hat. Der Preis des Fasses Öl ist daher

Ökonomie, das Herauspumpen des Öls aus dem Erdboden hingegen nicht.

RAUL ZELIK Auch die zentralen volkswirtschaftlichen Kennziffern haben mit Ökonomie, mit Haushalten, wenig zu tun. Denken wir an die Wachstumsrate des Bruttosozialprodukts: Ein schwerer Unfall kann sich durch die Reparatur des Wagens und die medizinische Versorgung der Verletzten gleich in zweifacher Weise wachstumssteigernd niederschlagen. Hier wird deutlich, dass Wachstum nichts mit gesellschaftlichem Wohlbefinden zu tun haben muss. Rationale ökonomische Koeffizienten müssten auch ganz andere Aspekte berücksichtigen: Lebenserwartung, Zugang zur Grundversorgung, Verringerung ökologischer Belastung usw.

ELMAR ALTVATER Wenn dies mit Kennziffern zu lösen wäre, würde sich das Problem einfacher darstellen und seine Dramatik verlieren. Es kommt aber nicht darauf an, wie man etwas definiert, sondern ob die gesellschaftlichen Natur- und Lebensverhältnisse den Kennziffern entsprechend gestaltet werden. Um zum Thema des Messens zurückzukommen: Wir müssen nicht nur mit Kennziffern irgendetwas messen und bewerten, zum Beispiel den Ausstoß von Treibhausgasen pro Kopf, sondern das Leben und Arbeiten so gestalten, dass wir das Maß leben, also im aristotelischen Sinn »Maß halten«.

Das UN-Entwicklungsprogramm versucht seit Langem, den Wohlstand mit dem alternativen Indikator des Human Development Index, also dem Index menschlicher Entwicklung, darzustellen. Andere versuchen, »Glück« anhand von Kennziffern zu bestimmen. Eigentlich wäre es das, was eine Ökonomie zu leisten hat: Sie sollte Glück für die Menschen oder genauer: für eine möglichst große

Zahl Menschen ermöglichen. Das ist im Übrigen auch eine Leitidee der US-amerikanischen Verfassung, in der vom Pursuit of Happiness, dem Streben nach Glück, die Rede ist. Nicholas Georgescu-Roegen, der wichtigste Repräsentant der thermodynamischen Ökonomie, stellt sich die Frage, warum die Menschen bei der ökonomischen Transformation von Stoffen und Energien unweigerlich die Entropie steigern – also Abfall, Abwasser, Abluft etc. erzeugen –, und er beantwortet sie mit dem Streben nach enjoyment of life. Dass die Umweltschäden in einer kapitalistischen Gesellschaft vor allem etwas mit dem Streben nach Profit zu tun haben, kommt ihm allerdings nicht in den Sinn.

Die Versuche, Glück, Freude und Wohlbefinden zu messen, sind also einigermaßen frustrierend, denn solange die gesellschaftlichen Formen nicht verändert werden, nützen die Indikatoren gar nichts. Sie haben eine kritische Pointe, weil man an den alternativen Kennziffern zeigen kann, dass die Länder mit dem höchsten Bruttosozialprodukt pro Kopf nicht die Länder mit dem größten allgemeinen Glücksempfinden sind. Oder wenn der Indikator des Human Development nicht mit der – am Pro-Kopf-Einkommen gemessenen – Wirtschaftsleistung übereinstimmt.

Das Entscheidende ist aber nicht, das durch Indikatoren zu erfahren. Nein, es geht darum, die gesellschaftlichen Formen zu verändern, damit anderen Zielen des Wirtschaftens auch in der Realität Rechnung getragen wird. Daraus folgt die alte Frage nach einer anderen, solidarischen, sozialistischen – wie man auch immer das nennen mag – Ökonomie. Eine Frage, die man immer wieder neu stellen muss, weil immer neue Antworten darauf zu finden sind.

RAUL ZELIK Interessanterweise sind nun aber sozialistische Ökonomien von denselben Kennziffern ausgegangen. Gerade die sozialistische Bewegung hat sich sehr für die Steigerung von Bruttosozialprodukten, für rücksichtsloses Wachstum begeistert. Neue wirtschaftliche Kennziffern würden noch nichts ändern, aber immerhin verdeutlichen, wohin die Reise gehen muss. Wir würden feststellen, dass weder kapitalistische noch staatssozialistische Akkumulation etwas mit gesellschaftlichem Wohlbefinden zu tun haben.

ELMAR ALTVATER Dass die realsozialistischen Gesellschaften die gleichen wirtschaftlichen Kennziffern verwendeten wie die kapitalistischen Länder, ist tatsächlich ein wichtiger Grund ihres Scheiterns. Es war der Versuch, sich auf dem gleichen Gleis wie die entwickelten kapitalistischen forerunners zu bewegen, ohne an dem vor ihnen fahrenden Zug des Kapitalismus vorbeizukommen. Da war nichts mit »Einholen und Überholen« oder »Überholen, ohne einzuholen«, wie es der SED-Vorsitzende Walter Ulbricht in den 1960er Jahren formulierte. Man hätte auf ein anderes Gleis weichen, die Ökonomie in eine andere Richtung entwickeln müssen und sich nicht am Kapitalismus orientieren dürfen. Nur so hätte aus dem Sozialismus eine Alternative werden können. Das ist eine wichtige Lehre für alle zukünftigen Experimente, die über den Kapitalismus hinauswollen: Das Ziel kann nicht einfach lauten, schneller und besser zu wachsen, als dies unter kapitalistischen Verhältnissen ohnehin geschieht. Der Sozialismus zeichnet sich nicht durch quantitative Unterschiede aus, er müsste etwas qualitativ anderes darstellen.

RAUL ZELIK Der Schweizer Ökonom Hans-Christoph Binswanger hat vor über 30 Jahren davon gesprochen, dass man die Wachstumsrate begrenzen müsse. Donella und Dennis Meadows, ihres Zeichen Umweltwissenschaftlerin und Ökonom, haben 1972 in der Studie *Die Grenzen des Wachstums* für den Club of Rome etwas ganz Ähnliches festgestellt. Binswanger ist nun kein Linker …

ELMAR ALTVATER … wahrlich nicht …

RAUL ZELIK … Josef Ackermann, der ehemalige Chef der Deutschen Bank, hat bei Binswanger promoviert und hält nach wie vor Festreden für ihn. Daran kann man sehen, wie wenig die wirtschaftswissenschaftliche Erkenntnis in Anbetracht der realen Machtverhältnisse auf dem Markt zu bewegen vermag. Denn wohl nichts widerspricht der These Binswangers von der Beschränkung des Wachstums so sehr wie Ackermanns wahnwitzige Renditeziele, die jede natürliche und soziale Schranke durchbrechen.

Anyway … Binswanger meint, dass hohes Wachstum die ökologische Grundlage der Ökonomie insgesamt infrage stellt. Andererseits vertritt er – wenn ich das richtig verstanden habe – auch die These, dass der Kapitalismus Wachstum benötigt. Was bedeutet das, wenn Wachstum die Gesellschaft mittelfristig zerstört, der Kapitalismus aber ohne Wachstum nicht auskommt? Haben wir es mit einer systemischen Grenze des Kapitalismus zu tun?

ELMAR ALTVATER Ich denke, ja … Und auch das kann man mit dem oben erwähnten Doppelcharakter der Ökonomie gut erklären. Auf der stofflich-energetischen Seite wächst nämlich gar nichts. Da finden nur qualitative Transformationen statt. Wir nutzen die Energie, die wir vor allem in Form von Kohle und Erdöl aus dem Erdreich holen und verbrennen. Dabei hinterlassen wir in den Senken der Erde entsprechende Schadstoffe. Aber dabei wächst per Saldo gar nichts, nur die Entropie steigt, das heißt, wir können die einmal genutzte Energie kein zweites Mal nutzen. Über die thermodynamischen Gesetze kann auch der Mensch nicht hinaus. Es findet eine qualitative Transformation statt, und zwar nicht unbedingt zum Besseren, wie wir das ganz empirisch an den Veränderungen der Naturbedingungen sehen. Es gibt ein hübsches polnisches Sprichwort, das diesen Sachverhalt veranschaulicht: Du kannst aus einem Aquarium Fischsuppe machen, aber aus Fischsuppe kein Aquarium.

Eine kapitalistische Ökonomie bedarf jedoch eines Mehrwerts, eines Profits. Diese Systemlogik kann nicht verlassen werden, solange der Kapitalismus als institutionelles System akzeptiert wird. Unter den existierenden Bedingungen muss Überschuss produziert werden. Im ökologisch-stofflichen Sinne ist dies aber gar nicht möglich, weil nur Stoffe und Energien transformiert werden.

Aristoteles, auf den der Begriff der *oikonomia* zurückgeht, hat zwischen Haushalten und Geldwirtschaft unterschieden und die These aufgestellt, dass monetär erzeugte Überschüsse eigentlich ein Unding sind, weil sie Gesellschaft und Natur schädigen. Durch Quantitativismus und Geld werden, so könnte man mit Aristoteles sagen, monetäre Beziehungen geschaffen, die die Gesellschaft spalten. Arbeitskräfte und Kapitalisten gab es zu Aristoteles' Zeiten noch nicht – aber Schuldner und Gläubiger. Er sah, dass solche Gegensätze bis hin zu Bürgerkriegen führen können, und in seiner Schrift über die Verfassung Athens bezeichnet er als größte Leistung Solons denn auch nicht, dass dieser Athen eine Verfassung gab, sondern dass Solon den Grundkonflikt von Schuldnern und Gläubigern durch eine Entschuldung aufhob.

Das geschah auch im Jubeljahr, im Jubiläum, von dem im Alten Testament berichtet wird, und dies sollte, von christlichen Solidaritätsgruppen gefordert, auch zum Millennium im Jahr 2000 geschehen. Doch nichts dergleichen passierte, der Widerstand der Banken und ihrer politischen Sachwalter war zu groß. Denn man darf ja nicht vergessen: Wer Schulden streichen will, mindert Forderungen, also Geldvermögen.

Aber zurück zum Thema Wachstum: Die OECD brachte vor einigen Jahren eine Schrift zur »Millenniumsentwicklung« seit Christi Geburt heraus. Man versuchte, das Sozialprodukt seit dem Jahre Null quantitativ zu fassen und in Dollarwerten des Jahres 1990 auszudrücken, um dann die Sozialprodukte über die letzten zwei Jahrtausende – und zwar in allen Weltregionen, auf allen Kontinenten – miteinander zu vergleichen. Das ist natürlich ein aberwitziges Unterfangen, auf das nur ein moderner Mensch, ausgestattet mit der »europäischen Rationalität der Weltbeherrschung«, wie Max Weber dies nennt, kommen kann – eine völlig verrückte Idee. Wie auch immer – das Ergebnis ist einigermaßen plausibel.

Es besagt, dass es vor Heraufkunft der industriellen Revolution, die ja zugleich auch eine fossilistische war, kein oder kaum Wachstum gab. Noch einmal: Vor dem Kapitalismus – vor der Trennung von Lohnarbeit und Kapital, vor der Umwandlung fossiler Energien in Arbeitsenergie, vor dem gesellschaftlichen Prinzip, ein Mehrprodukt und einen Mehrwert erzeugen zu müssen – gab es kein Wachstum. Bei Marx gibt es im *Kapital*, Band 1, eine Fußnote, in der geschildert wird, wie die Königsberger einen Müller in der Ostsee ertränkten, weil er eine technische Innovation eingeführt hatte, durch die mehr produziert werden und Arbeitskräfte entlassen werden konnten. Seine Zeitgenossen haben ihn einfach ersäuft. Ähnliche Beispiele werden auch aus dem alten Rom berichtet.

Es gab also über einen langen Zeitraum keinen Wachstums- und Innovationszwang, sondern, im Gegenteil, eher einen »Stagnationszwang«.

Was es auch in vorindustriellen Zeiten gab, war der Glaube an Reichtum aus dem Nichts, an ein Schlaraffenland unendlicher Bedürfnisbefriedigung, an Wachstum, ohne dass die Zeit vergeht. Das hat der von Ihnen zitierte Hans Christoph Binswanger in seiner schönen ökonomietheoretischen Interpretation von Goethes *Faust* gezeigt. Solange das Geld aus dem Naturstoff Gold besteht, ist die Mehrung des Reichtums mit Mühe und Leid verbunden, und das Gold bleibt wie alle anderen Stoffe, die aus der Kruste gekratzt werden müssen, begrenzt. Die Magie des Geldes beginnt mit dem Papiergeld, das sich fast unendlich vermehren lässt – und mit ihm auch der Reichtum. Dies verleiht Macht und ermöglicht – so sagt es der US-amerikanische Wirtschaftshistoriker Richard Easterlin – »triumphierendes Wachstum«. Um diesen Triumph auszukosten, schließt Faust seinen Pakt mit Mephistopheles.

RAUL ZELIK Aber wenn erst der Kapitalismus den Stagnationszwang überwand, ist er ja doch ein wunderbares System. Oder anders ausgedrückt: Nicht alles war schlecht im Kapitalismus! Wer möchte schon die Getreidemühle weiter mit der Hand bedienen? Die vom Akkumulationszwang ausgelöste Dynamik hat eine rasante Entwicklung ermöglicht und das Leben unfassbar erleichtert. Oder zumindest könnte diese Dynamik – wie Dietmar Dath in seiner Sozialismusstreitschrift nicht müde wird zu betonen – das Leben immens erleichtern, wenn man diese Entwicklung zugunsten der Gesellschaft und nicht zum Zweck weiterer Akkumulation nutzen würde.

ELMAR ALTVATER Man sollte technische Entwicklungen nicht mit Wachstumsdynamiken in eins setzen. Technische Entwicklungen haben das Leben zweifellos erleichtert. Doch Wachstum unter kapitalistischen Bedingungen ist eine sehr ambivalente Errungenschaft.

Es ist natürlich angenehm, mit dem Auto von A nach B zu fahren. Aber nur, wenn das nicht zu viele wollen. Sind zu viele mit dem Auto unterwegs, stehen wir im Stau, und das Automobil wird zu einem Immobil. Es geht also immer um die Frage, wie wir Güter gesellschaftlich nutzen. Wir sind gesellschaftliche Wesen, und das wird uns, auch dem ausgeprägtesten Individualisten oder libertären Sozialisten, spätestens dann klar, wenn wir im Stau stehen. Darin steht man nämlich nur, weil man mit anderen dasselbe zu tun gedenkt; weil viele zugleich nach dem enjoyment of life streben.

Ob eine Entwicklung also zu einer Erleichterung führt, hängt stark von äußeren gesellschaftlichen Bedingungen ab. Viele der hergestellten Güter sind positionelle Güter. Der Nutzen dieser Güter wird davon bestimmt, wie andere und wie viele andere sie nutzen. Das Häuschen im Grünen gibt es nur so lange, wie es auch Grün gibt. Wenn zu viele Häuschen im Grünen gebaut werden, verschwindet das Grün, und wir befinden uns auf einmal in einer tristen Reihenhaussiedlung. Das ist im Übrigen ein weiteres Beispiel dafür, wie individuelle Rationalität in gesellschaftliche Irrationalität umschlagen kann. Wir sind gesellschaftliche Wesen, sind aber daran gewöhnt, unsere Entscheidungen individuell zu treffen, als gäbe es die Gesellschaft nicht. Wir haben es verlernt, gemeinschaftliche Entscheidungen, die unser individuelles Verhalten betreffen, in einem kollektiven Prozess zu fällen. Der Liberalismus – und erst recht der Neoliberalismus – haben zu einer Verstümmelung der Gesellschaftlichkeit unserer individuellen Existenz geführt. Daher ist es in gewisser Weise konsequent, wenn Philosophen wie Peter Sloterdijk in einer Art kleinbürgerlich-kleinkariertem Poujadismus den Beitrag zum Gemeinwesen in Form von Einkommenssteuern heftig und empört infrage stellen. Da singt Sloterdijk im Chor mit neoliberalen Ökonomen, lauten Medienstimmen und konservativen Politikern.

Dazu kommt noch etwas anderes: Nehmen wir die frühbürgerlichen Ökonomen des 19. Jahrhunderts, zum Beispiel John Stuart Mill. Die kapitalistische Entwicklungsdynamik schätzte Mill sehr. Ab einem bestimmten Punkt jedoch, merkte er an, komme es darauf an, mehr Zeit »für Kontemplation« zu haben. Wachstum heißt Beschleunigung, und die wird ab einem bestimmten Moment lästig, weil sie Hektik produziert. Das frühbürgerliche Denken fand in agrarischen Verhältnissen statt. Die Leute lebten noch in und mit der Natur. Sie nahmen wahr, dass Wachstum Zeit braucht – und irgendwann aufhört. Die Bäume wachsen nicht in den Himmel, die Kinder hören irgendwann auf zu wachsen, sie werden erwachsen, und es wäre auch schlecht, wenn sie das nicht täten. Das führte dazu, dass bürgerliche Ökonomen wie John Stuart Mill der Überzeugung anhingen, kapitalistisches Wachstum sei wichtig, erreiche jedoch irgendwann eine Grenze, an der das Wachstum nicht weiter erstrebenswert sei und man zur »Kontemplation« zurückfinden müsse, um Zeit zu haben für sich und die Natur. Das war natürlich eine luxuriöse Vorstellung, die für Proletarier unerreichbar blieb. Denn diese waren immer von der Hetze des Arbeitstages geplagt, und wenn sie das nicht waren, stellte sich ihre Situation noch schlimmer dar: Dann waren sie arbeitslos und hatten kein Einkommen.

Ich will sagen: Der moderne Wachstumsdiskurs hat eine sehr kurze Geschichte. Er ist erst nach dem Ersten Weltkrieg aufgekommen. Auch Marx war kein Wachstumstheoretiker, obwohl er Grundlagen dafür schuf. Er zeigte auf, wie sich die verschiedenen Abteilungen (die Investitionsgüterproduktion einerseits und die Konsumgüterproduktion andererseits) bei »erweiterter Reproduktion«, also bei Wachstum, entwickeln müssen, damit das Ganze in einem – immer prekären – Gleichgewicht bleibt. Er legte dar, was die Bedingungen eines solchen Gleichgewichts wären, und wies nach, dass dieses Gleichgewicht im Kapitalismus nur schwerlich eintritt und durch Krisen der Akkumulation unterbrochen wird.

Die Wachstumstheoretiker haben sich teilweise darauf berufen, aber erst nach der russischen Revolution. Wenn ich das nicht falsch sehe – ich habe mich damit ein wenig beschäftigt, aber einiges mag mir entgangen sein –, ist die erste Wachstumstheorie in der jungen Sowjetunion entwickelt worden, und zwar von den Ökonomen Stanislav Strumilin, der auch den später in der Neoklassik so zentralen Begriff des »Humankapitals« bereits benutzte, sowie von Grigory Feldman, der auf der Grundlage der von Marx entwickelten Reproduktionsschemata eine Wachstumstheorie für die Sowjetwirtschaft entwickelte.

RAUL ZELIK Sozusagen Lenins Rache: Der Kapitalismus geht an einer Wachstumsideologie zugrunde, für die sowjetische Ökonomen die Grundlage schufen …

ELMAR ALTVATER Nicht ganz, denn der Wachstumszwang war dem Kapitalismus schon vorher zueigen. Aber die Wachstumstheorien scheinen tatsächlich erstmals von sowjetischen Ökonomen entwickelt worden zu sein. Diese wollten zeigen, dass die beiden »Abteilungen«, also Investitions- und Konsumgüterproduktion, in einem proportionalen Verhältnis zueinander wachsen müssen und dass eine sozialistische Planwirtschaft dynamischer ist als der krisengeschüttelte Kapitalismus.

RAUL ZELIK Ein Plan, an dem die Sowjetunion phänomenal scheiterte: Konsumgüter blieben stets Mangelware.

ELMAR ALTVATER Es ging damals um eine Mathematisierung von Wachstumsprozessen. All das sollte dazu führen, den Kapitalismus, die entwickelteren Staaten, mit einer nachholenden sozialistischen Akkumulation zu überholen. Also nochmal: Auch der Realsozialismus unterlag – oder unterwarf sich – einem Akkumulationszwang.

Es kam das Jahr 1929, und eine interessante Entwicklung trat ein: Die kapitalistische Welt brach in den Jahren nach dem Börsencrash ein, und in der Sowjetunion wurde der erste Fünfjahresplan umgesetzt. Während man in der UdSSR zweistellige Wachstumsraten verzeichnete, schrumpften die kapitalistischen Ökonomien um 20, 30 Prozent. Die Antwort darauf ist bekannt: Die Keynes'sche Theorie setzte sich durch, wobei ganz ähnliche Konzepte unabhängig von Keynes auch von anderen Ökonomen entwickelt wurden. Es ging darum, die Stagnation zu überwinden. Erst vor diesem Hintergrund entwarfen Stagnationstheoretiker wie der US-Amerikaner Alvin Hansen in den 1930er und frühen 1940er Jahren Wachstumstheorien. Dabei ging es darum, den Vorsprung vor der Sowjetunion zu wahren. Heute wird das ja oft vergessen: Bis in die 1960er Jahre wuchs das sozialistische Lager – ab 1945 handelte es sich nicht mehr nur um die Sowjetunion, sondern um mehrere Staaten in Ost- und Mitteleuropa sowie Asien – deutlich schneller als die westlichen Länder. Mit dem aufkommenden Systemwettbewerb wurde die Wachstumsrate zum Erfolgsindikator. Erst seitdem ist Wachstum ein so fetischartiger Begriff.

RAUL ZELIK Auf die Frage, wie sich eine Gesellschaft, ihre Produktion und ihre Arbeit weiterentwickeln können, ohne zu wachsen und ohne vor allem immer schneller wachsen zu müssen, müssen wir später zurückkommen. Denn natürlich ist Stagnation nicht erstrebenswert. Dass sich Technik, Arbeitsorganisation, Wissen weiterentwickeln, ist ja großartig. Wachstumskritik – zumindest wenn sie intelligent ist – darf sich deshalb nicht gegen Innovationen, sondern nur gegen den Zwang richten, immer mehr Arbeit verwerten und immer größere Mengen an Gütern und Dienstleistungen ausstoßen zu müssen.

Aber bleiben wir bei den Grundbegriffen der Ökonomie. Wir haben über Wachstum gesprochen. Es gibt einen zweiten großen gesellschaftlichen Fetisch: Arbeit. Gewerkschaften, Unternehmen, Parteien, die Medien – alle stoßen in das gleiche Horn: Es muss Arbeit geschaffen werden. Jede/r, die oder der ein bisschen darüber nachdenkt, müsste dagegen einwenden, dass Ökonomie eigentlich die Verringerung von notwendiger Arbeitszeit bedeutet. Das heißt: möglichst wenig Arbeitsaufwand bei möglichst großem Wohlbefinden. In dem Zusammen–

hang stellt sich dann das Problem, Einkommen und unangenehme Arbeit gerechter zu verteilen.

Auch das scheint mir ein interessantes Paradoxon. Das
Kapital beruht letztlich auf vergegenständlichter Arbeit,
das heißt, aus der Perspektive des Kapitals betrachtet sollte möglichst viel gearbeitet werden, weil es sich genau dadurch vermehrt. Trotzdem sorgt das Kapital mithilfe von
Rationalisierung und Automatisierung dafür, die gesellschaftlich notwendige Arbeit ständig zu verringern …

ELMAR ALTVATER … ja, auf dieses Paradoxon hat Marx hingewiesen …

RAUL ZELIK … und die Gewerkschaften, die als Vertretung
von Arbeitern und Angestellten eigentlich dafür sorgen
sollten, dass weniger gearbeitet wird, propagieren in teu-
ren Werbekampagnen: Arbeit! Arbeit! Arbeit!

Die Forderungen müssten jedoch – gerade in Zeiten
der Krise – genau in die entgegengesetzte Richtung gehen. Das Kapital erfüllt eine historische Mission, wenn
es die notwendige Arbeit reduziert. Diskutiert werden
muss darüber, wie die verbleibende Arbeit sinnvoll und
solidarisch aufgeteilt und ein menschenwürdiges Einkommen für alle sichergestellt werden kann. Also her mit der
30-Stunden-Woche! Schon der Begriff Beschäftigung ist
irrsinnig: Geht es uns denn um die sozialtherapeutische
Ausgestaltung von Lebenszeit?

ELMAR ALTVATER Mir fällt in diesem Zusammenhang eine Stelle aus den Marx'schen *Grundrissen* von 1857 ein. In der
Ausgabe von 1953 findet man das auf der Seite 595 (lacht)
… Das habe ich bis heute nicht vergessen. Da wird die Er-
zeugung von freier Zeit als zentrales Ziel nicht kapitalistischen Wirtschaftens definiert. Heute würde man vielleicht
sagen: Zeitwohlstand ist die Zielsetzung einer Ökonomie

des Glücks, einer Ökonomie, die den Menschen und nicht die Kapitalverwertung in den Mittelpunkt stellt.

Das wirft aber ein grundsätzliches Problem auf: Eine solche Umdefinierung der Ökonomie würde auf eine Entmachtung des Kapitals hinauslaufen. Denn Kapital heißt Verwertung von Arbeitskraft, und wenn sich die Arbeitskraft dieser Verwertung entzieht, dann verändert sich auch die Gesellschaft auf radikale Weise.

Der französische Philosoph André Gorz hat dies vor über 20 Jahren ausführlich erörtert und zwischen autonomer und heteronomer, also zwischen selbst- und fremdbestimmter Arbeit unterschieden – wobei er jene Arbeit als heteronom bezeichnete, die man nicht gerne tut, die aber unter Umständen getan werden muss. Es ist sicherlich angenehmer, im Café zu sitzen und sich mit Leuten zu unterhalten, als den Müll aufzusammeln, den diese Leute im Café produzieren. Es muss also ein Austausch zwischen autonomer und heteronomer Arbeit gefunden werden. Das ist ein zivilisatorischer Prozess, den man nicht dekretieren kann, sondern über den man sich in einer Gesellschaft verständigen muss. Voraussetzung ist aber Folgendes: Wenn ich weggehe von der Arbeit als Prinzip, dann stelle ich den Kapitalismus infrage. Denn nur durch Arbeit wird jener Mehrwert produziert, der als Profit für die Unternehmen, als Rendite für die Spekulanten und Banker usw. verteilt werden kann. Sonst geht das alles nicht.

RAUL ZELIK Und warum sind Gewerkschaften so unfähig, dies deutlich zu machen?

ELMAR ALTVATER Wenn man zu einer anderen Organisation der Arbeit, einem anderen Verhältnis von Arbeitszeit und Nicht-Arbeitszeit übergehen will, rüttelt man an einem institutionellen Rahmen, in dem man gleichzeitig politisch agiert. Und dieser Widerspruch hat bislang immer dazu geführt, dass man den institutionellen Rahmen anerkennt und versucht, innerhalb des Rahmens das Beste herauszuholen. Es ist der typische Widerspruch zwischen revolutionärer Erkenntnis, dass die grundsätzlichen Bedingungen verändert werden müssen, und der reformistischen Praxis, die akzeptiert, dass dieser institutionelle Rahmen nicht einfach per Dekret »abgeschafft« werden kann.

Wenn wir gegen den Kapitalismus agieren, befinden wir uns innerhalb des Kapitalismus und nicht irgendwo auf dem Mond. Wir können uns aus den Räumen, die kapitalistisch durchdrungen sind, nicht einfach hinausbewegen. Und mehr noch: Die gemeinsame Verortung im sozialen Raum ist die Grundlage für eine Vielfalt von sozialen Kompromissen, beispielsweise für die Kooperation von Gewerkschaften und Unternehmensmanagement. Militanz kommt erst dann auf, wenn die kooperative Linie scheitert. Aber ob die Militanz progressiv wirkt, hängt sehr von der örtlich, regional spezifischen Kultur und von den Zielsetzungen ab.

RAUL ZELIK Und doch: Obwohl wir in der kapitalistischen Realität verhaftet sind, müssen wir ständig versuchen, uns aus ihr herauszubewegen. Eine grundlegende Veränderung gibt es nur, wenn man über den bestehenden Zustand hinausdenkt und -agiert.

Aber zurück zu unserer ursprünglichen Frage. Wir haben festgehalten, dass die real existierende Ökonomie nicht sparsam mit Ressourcen und Lebenszeit umgeht. Aber was ist »Ökonomie« dann überhaupt? Ist der Begriff untrennbar mit dem Kapitalismus verknüpft?

Die Unterscheidung in Politik und Ökonomie war im Feudalismus ja gänzlich unbekannt. Wer herrschte, eignete sich unmittelbar an, was die Leibeigenen erwirtschafteten: Politische und ökonomische Herrschaft fielen in eins. Man könnte also vermuten, dass Ökonomie nur im Kontext des Kapitalismus einen Sinn hat.

ELMAR ALTVATER Bei Aristoteles ist Ökonomie die Hauswirtschaft, die vom »guten Familienvorstand« gelenkt wird und dazu dient, die Versorgung der Familie sicherzustellen. Das bedeutete, dass zur richtigen Zeit gesät und geerntet wurde, die Werkstücke und Werkzeuge vorhanden waren, Reparaturen stattfanden etc. Davon unterschied Aristoteles die Chrematistik, also die Geldwirtschaft, die mit ihrer »triumphierenden« Steigerungsdynamik den Rahmen der Hauswirtschaft sprengt und eine Gesellschaftsspaltung in Gläubiger auf der einen und Schuldner auf der anderen Seite bewirkt. Diese Unterscheidung ist in den Folgejahrhunderten mit der Maßgabe übernommen worden, dass die Geldwirtschaft gegenüber der Versorgungswirtschaft nicht überhandnehmen dürfe. Man hat das mit dem Zinsverbot zu erreichen versucht, das ebenfalls auf Aristoteles zurückgeht. »Geld kann keine Jungen bekommen«, hieß es bei dem griechischen Philosophen. Das war natürlich der Perspektive der agrarischen Welt geschuldet: Kühe kriegen Kälber, aber Geld kriegt keine Jungen.

Diese Haltung machte sich die katholische Kirche im kanonischen Zinsverbot zu eigen, und sie besteht bis heute – zumindest formell – im islamischen Zinsverbot fort, das über andere Wege ebenfalls auf Aristoteles zurückgeht.

In Europa fiel dieses Verbot erst im 16. Jahrhundert unter dem Ansturm kapitalistischer Formen in den oberitalienischen Städten und mit dem Kolonialhandel – also der Plünderung aller Kontinente und den Importen des geraubten Goldes und Silbers vor allem aus Lateinamerika. Der Geldverkehr wuchs rasant, die italienischen Bankhäuser, die Augsburger Fugger und Welser, später auch die Häuser in Antwerpen, Brügge, Amsterdam gewannen enorm an Bedeutung. Dadurch wurde die »harte Budgetrestriktion« des Zinses in die Welt gesetzt; ihr mussten sich nun die Kapitalisten, die Kredite aufnahmen, unterwerfen, indem sie Erträge erwirtschafteten, die sich an den zu zahlenden Zinsen messen lassen konnten. Das heißt, sie mussten entsprechende Überschüsse erzielen.

Zu Beginn des Kapitalismus waren die Zinsen sehr viel volatiler als heute, das heißt, sie schwankten stark – ganz einfach deshalb, weil weniger gehandelt wurde, weil die Geld- und Kapitalmärkte nicht entwickelt waren –, und sie waren ausgesprochen, ja wucherisch hoch. Mit der Zeit sank der Zins auf ein Niveau, das zumindest im Normalfall unterhalb der Profitrate lag. Unternehmen konnten sich also verschulden, mit dem Kredit einen Mehrwert erwirtschaften und daraus einigermaßen sicher den Schuldendienst leisten.

Grob gesprochen: Mit der Zeit gewann die Mehrwertproduktion immer stärker an Bedeutung; dies kulminierte schließlich am Ende des 20. Jahrhunderts im finanzgetriebenen Kapitalismus.

Man kann das alles aber auch anders interpretieren, und zwar so, wie es in den Marx'schen *Grundrissen* steht und später von Rosa Luxemburg aufgegriffen wurde. Demnach sollte sich die Ökonomie in einer Ökonomie der Zeit auflösen. Mit der Steigerung der Produktivkraft und der Verringerung der notwendigen Arbeitszeit würde irgendwann auch die Ökonomie selbst hinfällig. Dann würde sich das eröffnen, was Marx utopisch das »Reich der Freiheit« nannte – ein Reich, das frei ist von ökonomischen Sachzwängen.

In diesem Zusammenhang muss man auch über den Begriff der Ökonomie reden, wie er uns im Alltag begegnet, nämlich eben in der Terminologie der »ökonomischen Sachzwänge«. Als Ökonomie wird im Allgemeinen das verstanden, was die »Wettbewerbsfähigkeit« steigert. Das ist der Maßstab, an dem sich alles bemisst. Hier kommen Zwangsverhältnisse als ökonomisches Gesetz daher, das von den Hohepriestern der Moderne, den ökonomischen Sachverständigen, täglich aufs Neue verkündet wird. Ökonomie wird auf diese Weise auf eine Wiederholung nicht hinterfragbarer Zwangsgesetze reduziert.

Das war aber nicht immer so und muss auch nicht immer so sein. Denn die »Zwangsgesetze« sind Fetische, und das Wort »Fetisch« kommt aus dem portugiesischen *feiticio*. Das bedeutet »Machwerk« – und Machwerke können auch verändert werden.

RAUL ZELIK Was bedeutet das nun? Ist Ökonomie eine Wissenschaft, die es nur im Kapitalismus gibt – oder nicht?

ELMAR ALTVATER Der moderne Begriff der Ökonomie hat seinen Ursprung im 16. und 17. Jahrhundert. In dieser Zeit passierte zweierlei – mindestens zweierlei, muss man wohl sagen: Zum einen manifestierte sich eine Grenzenlosigkeit des ökonomischen Strebens. Mit den Entdeckungsfahrten, die schnell zu Eroberungs- und Raubzügen wurden, sprengten die Gesellschaften der frühen Neuzeit alle räumlichen Schranken. Gleichzeitig formierte sich – wenigstens in Europa – der bürgerliche Nationalstaat, das heißt, es wurden Grenzen gesetzt: Das Staatsgebiet wurde definiert, Zollgrenzen wurden eingeführt, der Staatsbürger und in manchen Ländern der Untertan betraten die Szene; sie hatten sich in den legalen Grenzen zu verhalten. Aber auch der Staat begrenzte sich spätestens mit der amerikanischen Verfassung von 1776 gegenüber der Gesellschaft. Und schließlich etablierte sich nach dem Dreißigjährigen Krieg ab 1648 die »Westfälische Ordnung«, die die Grenzenhaftigkeit von Nationalstaaten in einer internationalen Ordnung regelte. Es kam also a) zu einer Verselbstständigung und Entgrenzung der Ökonomie, b) der Herausbildung von begrenzten Nationalstaaten und c) der Formierung einer politischen internationalen Ordnung zwischen diesen Staaten.

In diesem Kontext ergaben sich im Wissenschaftsbereich Verselbstständigungen. Bis zur Neuzeit gab es keine Trennung zwischen Ökonomie und Politik. Man betrieb Philosophie und Theologie. Das, was wir heute als Ökonomie bezeichnen, hatte hier beispielsweise in Form von Verhaltensregeln seinen Platz – das kann man etwa bei Luther nachlesen.

Durch die Trennung von Ökonomie und Politik in der Realität kam es dann aber auch in der Wissenschaft zu einer Ausdifferenzierung und Spezialisierung, die später als »politische Ökonomie« bekannt wurde. Von den ersten Theoretikern dieses Wissenschaftszweigs wurde das ökonomische Verhältnis stets als Arbeits- und Geldverhältnis begriffen. Bei John Locke ist die Arbeit die Basis des Eigentums und das Eigentum die Basis der Verwertung. Bei Adam Smith wird nicht die einzelne Arbeit betrachtet, sondern die Arbeitsteilung, und diese wiederum ist die Grundlage der Produktivitätssteigerung, die den

Wohlstand der Nationen wachsen lässt. In Adam Smiths »Fünftem Buch« taucht dann noch der Staat auf, der als Regulator für das fungiert, was nicht von der »unsichtbaren Hand des Marktes« gelenkt werden kann – das, was wir heute als öffentliche Güter, Infrastruktur, allgemeine Regeln usw. bezeichnen.

Die Ökonomie »entbettete« sich also im theoretischen Reflex der historischen Entwicklungen mehr und mehr aus Gesellschaft und Politik, und doch waren Politik und Ökonomie bei den frühen bürgerlichen Ökonomen – das stimmt auch für David Ricardo – noch ineinander enthalten. Diese Verbindung wurde erst von der Neoklassik gelöst, die bereits im 19. Jahrhundert so bezeichnet wurde. Es entstand ein Konzept der Ökonomie als rationale Entscheidungslehre. Josef Schumpeter beschrieb das Anfang des 20. Jahrhunderts als »methodologischen Individualismus«. Ausgangspunkt des theoretischen Diskurses ist das Individuum, das ein Knappheitsproblem rational zu bewältigen hat. Wie muss ein beschränktes Budget eingesetzt werden, um aus einem Angebot von Gütern und Diensten eine Auswahl so zu treffen, dass die Bedürfnisse optimal befriedigt werden? Auch bei der Produktion der Güter und Dienste gilt das entscheidungstheoretische »Rationalprinzip«: Die begrenzt verfügbaren Produktionsfaktoren müssen so kombiniert werden, dass unter Berücksichtigung der relativen Preise ein optimaler Profit erzielt werden kann.

Die Ökonomie wird auf diese Weise zu einer Entscheidungslehre, die kaum noch etwas mit dem politischen und gesellschaftlichen System, dem System der Arbeit und der Arbeitsteilung, dem Austausch mit der Natur zu tun hat. Sie »entbettet« sich aus Natur, Gesellschaft und Politik. Alle unbeabsichtigten Nebenwirkungen des absichtsgeleiteten, rationalen Handelns gelten als »externe Effekte«, die das Preissystem verzerren. Der Witz daran ist, dass sich »externe Effekte« überhaupt nur im Marktmechanismus – sozusagen informationell – externalisieren lassen. Die Belastung der Natur beispielsweise schlägt über einen längeren Zeitraum wieder zurück. Die Folgen treffen die »Externalisierer«, so wie jetzt der Klimawandel in Form von Wasserknappheit, Wüstenbildung, Hitzestress und Unwettern immense Belastungen und Kosten verursacht. Anders ausgedrückt: Die »Effekte« sorgen dafür, dass sich zunächst rationale Entscheidungen am Ende als irrational erweisen. Um das zu verhindern, hat man nun angefangen, externe Effekte zu internalisieren. Vor allem in der Klimapolitik: Man führt die absurdesten Rechnungen ein, um die CO_2-Emissionen auf dem Markt handelbar zu machen. »Die Preise müssen die Wahrheit sagen«, heißt die Doktrin. Damit erreicht man aber bestenfalls, dass der Marktmechanismus Informationen liefert, die rationale Entscheidungen ermöglichen. Die tatsächlichen Schäden an der Natur jedoch sind irreversibel und in der Regel auch irreparabel. Das Problem ist doch: Die CO_2-Emissionen drücken sich jetzt vielleicht als Kosten aus. Doch die Wirtschaftssubjekte sind höchst erfinderisch bei der Überwälzung von Kosten. Wenn andere für meine Emissionen bezahlen, habe ich keinen Grund, sie zu verringern.

RAUL ZELIK Sie haben schon vor 25 Jahren in Ihrem Buch *Die Zukunft des Marktes* behauptet, dass der Zeithorizont des Marktes zu begrenzt ist. Wir haben das zum Beispiel auch im Zusammenhang mit der Vogel- und Schweinegrippe erlebt. Es ist seit Langem bekannt, dass die industrielle Landwirtschaft, in der Tiere eng zusammengepfercht leben und massiv mit Antibiotika gefüttert werden, eine Brutstätte für neue Krankheitserreger ist. Die industrielle Landwirtschaft ist nur deshalb »effizienter« als die traditionelle, weil sie solche unkalkulierbaren Seuchenkosten nicht selbst tragen muss, sondern auf die Allgemeinheit abwälzt. Man könnte aus solchen Beispielen folgern, dass der Ökonomie die eigentliche Aufgabe noch bevorsteht. Wenn eine Wissenschaft des Haushaltens auf den sparsamen, vernünftigen, effizienten Umgang mit Ressourcen – vor allem mit Arbeit und Natur – abzielt, dann existiert bislang gar keine Ökonomie.

ELMAR ALTVATER Doch. Nur: In der kapitalistischen Wirtschaft geht es nicht um das Haushalten in einer Hauswirtschaft, um *oikonomia*, sondern um Gewinn. Der steht im Zentrum und wird zur Maßzahl, an der Investitionen bewertet werden. Die Profitrate, würde Marx sagen, bestimmt die Investitionsentscheidungen. Oder im Neudeutsch der Betriebswirte: Es ist der *shareholder value*, der bestimmt, wo es langgeht. Wenn sich mit gentechnisch modifizierten Lebewesen, mit Saatgut aus den Monsanto-Laboren oder den Pestiziden von Bayer mehr Gewinn erwirtschaften lässt als in einer naturbelassenen Landwirtschaft, dann ist klar, wo die Investitionen hingehen. Das Problem ist vor allem der Zeithorizont. Nach der *green revolution* im indischen Punjab stiegen die Erträge vorübergehend. Heute sind die Böden unfruchtbar, das Grundwasser ist belastet, und die Erträge gehen wieder zurück – und zwar »nachhaltig«. Das ist nicht nur eine ökologische, sondern auch eine soziale und menschliche Tragödie. Ich denke, in der Landwirtschaft wird sich noch deutlicher als in der Industrie herausstellen, ob die kapitalistische Ökonomie wirklich in der Lage ist, ein gutes Leben für die Menschen zu gewährleisten.

Was nun die Arbeitskraft anbelangt, so herrscht an ihr kein Mangel. Sie existiert in Hülle und Fülle. Mehr noch: Im Zuge der Globalisierung der vergangenen Jahrzehnte ist ein Arbeitsmarkt entstanden, auf dem das Angebot aus nahezu allen Weltregionen aufgefüllt wird. Die Folge ist die von allen internationalen Organisationen festgestellte Zunahme informeller und prekärer Arbeit. Diese Arbeit ist durch niedrige Einkommen, geringen sozialstaatlichen Schutz und schwache Gewerkschaften gekennzeichnet. Die Folge ist – und das ist in allen Ländern empirisch feststellbar –, dass der Anteil der Löhne und Gehälter am Volkseinkommen drastisch zurückgegangen ist. Hier drückt sich jene Umverteilung von unten nach oben aus, die im Zusammenhang mit der Finanzkrise häufig beklagt wird. Diese Umverteilung hat Folgen: Sie hat die Binnennachfrage in den krisengeschüttelten Wirtschaften gesenkt oder, wie in den USA, zu einer starken Zunahme der Konsumentenkredite geführt. Warum die enorme Zunahme der Konsumentenkredite? Offensichtlich ist es den Lohnabhängigen erst mit Hilfe der Verschuldung möglich, den Lebensstandard auf ein akzeptables Niveau zu bringen, das mit den Löhnen allein nicht finanziert werden könnte. Die Banken machen dabei relativ locker mit, da sie sich lange Zeit sehr billig refinanzieren konnten und dafür auf sehr verschlungenen und nicht transparenten Wegen Geld in China aufnehmen konnten, weil China bereit war, Reserven von an die 2000 Milliarden Dollar aufzubauen. Mit diesem enormen Betrag kreditiert das ärmere China die viel reicheren Konsumenten in den USA.

RAUL ZELIK Ich möchte noch einmal zurück auf das Thema Arbeit. Sie haben gesagt, dass an ihr kein Mangel herrscht. Dennoch wäre es ökonomisch, die notwendige Arbeit zu reduzieren.

ELMAR ALTVATER Das wäre die Zielsetzung: eine Ökonomie der Zeit, die die freie Zeit erweitert – wobei es sich nicht um leere Zeit handelt, sondern um Zeit, in der man sich entfalten kann. Das ist das, was John Stuart Mill in seinem – nach meinem Dafürhalten sympathischen – Idealismus als »Kontemplation« bezeichnete. Die arbeitsfreie Zeit heute wird hingegen durch die Kulturindustrie auf eine Weise gefüllt, durch die die Menschen, selbst wenn sie keine selbstbestimmte Arbeit leisten müssen, fremdbestimmt bleiben. An diesem Punkt müsste man mit der Kulturkritik ansetzen, die ja genau solche Fragen aufwirft.

Anders als an der Arbeit herrscht an der Natur offensichtlicher Mangel. Man muss dazu wissen, dass im Englischen eine Unterscheidung zwischen scarcity (Knappheit) und shortage (Mangel) gemacht wird. Wenn man Ökonomie, wie das heute im Mainstream der Fall ist, als rationale Entscheidungslehre begreift, müssen Güter knapp sein oder knapp gemacht werden. Denn nur dann gibt es ökonomisch überhaupt etwas zu entscheiden. Im Kapitalismus muss Knappheit also immer wieder hergestellt werden.

RAUL ZELIK Auch eine lustige Pointe: Im Staatssozialismus, in dem Knappheit unnötig war, bestand an fast allen Gütern Mangel. Im Kapitalismus, wo der Mangel in vieler Hinsicht überwunden scheint, wird künstlich verknappt, damit weiter Gewinn erwirtschaftet werden kann …

ELMAR ALTVATER Die Natur ist letztlich immer begrenzt, an vielen Ressourcen herrscht Mangel – und zwar vor allem deshalb, weil sich Stoff- und Energietransformationen nicht umkehren lassen. Die Wirkung dieses Naturgesetzes wird verschärft, weil wir die natürlichen Ressourcen wenig intelligent, sehr verschwenderisch nutzen. Verschiedene Rohstoffe gehen zur Neige – vielleicht nicht in den kommenden fünf bis zehn Jahren, aber doch mittelfristig. Die Handyproduktion beispielsweise ist auf Metalle wie Coltan angewiesen, die nur sehr begrenzt zur Verfügung stehen. Und zur Neige geht auch das Öl, sodass jetzt in der Automobilindustrie, der es ja nicht nur wegen der Finanz-, sondern auch wegen der Energiekrise schlecht geht, eine hektische Suche nach anderen Energieträgern eingesetzt hat. Bisher ist da keine Lösung in Sicht, und wenn, dann nur, indem neue und gravierendere Probleme aufgeworfen werden. Die Brasilianer operieren schon seit Mitte der 1970er Jahre im Rahmen des Proálcool-Programms mit Ethanol und Biodiesel als Ersatz für fossile Brennstoffe. Sie haben hier einige Erfolge aufzuweisen, seit der Ölpreis gestiegen ist und Biokraftstoffe rentabel erzeugt werden können. Aber man verwandelt große Landstriche in monokulturelle Plantagen. Diese Landwirtschaft füllt Autotanks – aber keine hungrigen Mägen. Viel zu wenig wird über alternative Modelle der Mobilität nachgedacht – eine Mobilität, die ohne Auto oder mit deutlich weniger Autos auskommt.

Dabei wäre genau das der ökonomische Umgang mit Mangel: dass man auf die Herausforderungen, die sich aus Naturverhältnissen ergeben, vorausschauend reagiert. Die Natur ist eben kein Füllhorn, aus dem man sich schrankenlos bedienen kann. In der gegenwärtigen

Ökonomie spielt diese Art von stofflichem Mangel keine oder kaum eine Rolle. Nicht der Mangel, sondern scarcity (Knappheit) ist die zentrale Kategorie. Das kommt schon in den Kategorien der neoklassischen Lehre zum Ausdruck. Alles wird als Kapital definiert: industrielles, finanzielles Kapital, Human- und Kultur-, Wissens- und Naturkapital. Mangel kann es in dieser kapitalen Welt schon deshalb nicht geben, weil die Kapitale als substituierbar vorausgesetzt werden. Herrscht Ressourcenmangel, dann muss man eben Finanzkapital investieren, um die Ressourcen auf den Markt werfen zu können. Alles ist eine Frage des Preises.

RAUL ZELIK Die Knappheit hingegen ist für den Kapitalismus unverzichtbar, weil das, was nicht knapp ist, keinen Preis hat, und sich ohne Preis kein Kapital realisieren lässt …

ELMAR ALTVATER Richtig. Am deutlichsten ist das auf den Nahrungsmittelmärkten. Jedes Jahr werden Tausende Tonnen Nahrungsmittel vernichtet, weil das Angebot sonst zu groß und die Preise zu niedrig wären. Auch beim Wasser kann man das beobachten: Es wird verknappt, indem es aus einem öffentlichen in ein privates Gut verwandelt und, in Plastikflaschen abgefüllt, als Ware verkauft wird. Dabei werden Märkte, Preise, Waren und Profite geschaffen, von denen Wasserkonzerne leben. Eine typische Konstruktion von Knappheit. Oder Luft und Atmosphäre: Diese werden zwar bislang nicht als Güter verkauft, aber das Recht, Luft verschmutzen zu dürfen, ist im Rahmen der Klimapolitik in eine Ware verwandelt worden, die an Emissionsbörsen in Form von Verschmutzungszertifikaten gehandelt wird. Dabei muss im Preis auch immer ein Profit, eine Rendite enthalten sein.

Die Handelbarkeit setzt Eigentumsrechte an der jeweiligen Ware voraus. Bei John Locke war es noch so, dass den Eigentumsrechten Arbeit vorausgehen musste. Heute erzeugt der Staat die Eigentumsrechte durch Rechtsetzung. Das Recht, Luft zu verschmutzen, und dieses Recht verbrieft zu bekommen, den Brief an Börsen handeln zu können – das alles kommt ausschließlich durch hoheitliche Akte zustande. Es gibt keine natürliche Notwendigkeit dafür. Mit den Gütern, die nicht grenzenlos zur Verfügung stehen (an denen also, gemessen an den Bedürfnissen der Menschen oder Lebewesen, allgemein Mangel herrscht), könnte auch anders als in Form eines Börsenhandels umgegangen werden. Nehmen wir das Beispiel Wasser: Die Menschheit musste in ihrer ganzen Geschichte immer wieder mit diesem Mangel zurechtkommen. Und überall dort, wo Wasser nicht im Überfluss zur Verfügung steht, gibt es Nutzungsregeln. Die Brunnen werden verteilt, es gibt Bewässerungssysteme usw. In der »autoritären orientalischen Despotie«, wie einige das im Anschluss an Karl Wittfogel nennen, hat der Staat solche Zuteilungsregeln festgelegt und autoritär durchgesetzt. Diese können aber auch von der Gesellschaft selbst – auf solidarische, genossenschaftliche Weise – ausgehandelt werden. Dafür gibt es Tausende Beispiele. Selbst in einem Land wie Deutschland existieren Wassergenossenschaften, die Wasser weder anhand eines Markt- oder Knappheitspreises noch durch staatliches Diktat verteilen.

Die marktförmige Regelung, die wir heute für selbstverständlich halten, ist überhaupt nicht »normal«. Doch bizarrerweise wird dieser Unsinn von fast allen mitgedacht und mitgemacht – auch von den Umweltverbänden. Greenpeace, German Watch, alle möglichen linken Gruppen beteiligen sich am Emissionshandel …

RAUL ZELIK Das Herumwerkeln an einem grundsätzlich irrationalen System sollte immer misstrauisch stimmen. Doch in diesem Fall könnte es doch ausnahmsweise einmal sinnvoll sein. Wenn der Emissionshandel dazu führt, dass Unternehmen die Naturbegrenztheit in ihren betriebswirtschaftlichen Rechnungen berücksichtigen müssen, dass externe Folgen also wieder internalisiert werden und die Umweltbelastung reduziert würde, dann wäre das doch ein gutes Ergebnis.

ELMAR ALTVATER Gegen den Handel mit Emissionsrechten spricht erstens das Verteilungsprinzip. Auf dem Markt zählen nur die Nachfrager, die über Geld verfügen. Wer reich ist, darf verschmutzen. Auf diese Weise werden Menschen oder Bürger, die ein prinzipielles Recht auf Güter wie Wasser und Luft haben, durch Konsumenten ersetzt. Deren Recht auf Teilhabe wird ausschließlich durch die Geldmenge bestimmt, über die sie verfügen. Darin ist selbstverständlich auch ein Gerechtigkeits- und Demokratieproblem enthalten. Zweitens gibt es Effizienzprobleme. Der Emissionshandel hat sich in Europa als lächerliche Katastrophe erwiesen. Eine Katastrophe, weil er nicht funktioniert und keinen Beitrag zur Erfüllung der Kyoto-Ziele, also zur Verringerung der CO_2-Emissionen, geleistet hat. Lächerlich, weil jeder, der ein bisschen Einsicht hat, vorher wissen konnte, dass genau dieses Ergebnis eintreten würde. Man kann die Natur nicht dadurch retten, dass man das Recht, sie zu verschmutzen, in eine an der Leipziger Strombörse handelbare Ware verwandelt. In der Durban-Erklärung afrikanischer NGOs hat man das im Jahre 2005 schön formuliert: »In an atmosphere of privatisation, they privatised the atmosphere.« Denn das allein war der Grund, warum man versucht hat, den Klimawandel durch Marktgesetze zu stoppen: Wenn alle über Privatisierung sprechen, und diese Politikfigur in allen Bereichen zum entscheidenden Modell wird, dann wird eben auch noch die Atmosphäre in Privateigentum verwandelt. Dabei liegt auf der Hand, dass das nicht effizient sein kann – vor allem nicht unter den heutigen Bedingungen. Denn die Finanzmärkte bemächtigen sich auch dieses Marktes. Im Klartext: Es wird nicht das gemacht, was aus Umweltgründen notwendig wäre, sondern was die Finanzakteure für rentabel erachten. Viele gut meinende Ökologen glauben, das wäre nun gerade die List der Geschichte: dass das private Interesse an möglichst hoher Rentabilität auch für den Umwelt- und Klimaschutz eingesetzt werden kann. Aber viele notwendige Dinge sind eben nicht rentabel: Es lässt sich kein Geld damit verdienen, etwas nicht herzustellen. Auch wenn das ökologisch oder sozial absolut geboten wäre.

RAUL ZELIK Viele würden jetzt einwerfen, dass doch aber auch Wind- und Solaranlagen Gewinn erwirtschaften können.

ELMAR ALTVATER Das stimmt. Unter bestimmten Voraussetzungen kann sich das Profitinteresse auch einmal mit gesellschaftlichen Interessen decken. Nur umgekehrt gilt der Zusammenhang eben nicht: Das private Gewinnstreben auf dem Markt schert sich nicht um gesellschaftliche Ziele. Und viele solcher Ziele lassen sich marktförmig auch kaum ausdrücken.

RAUL ZELIK Gut, was können wir am Ende des ersten Themenblocks als Zwischenergebnis festhalten? Auf jeden

Fall, dass unsere Utopie eine ökonomische ist – auch eine ökonomische sein muss. Dass es darum geht, die Ziele und Inhalte des Wirtschaftens neu zu bestimmen. Sich von Zwängen – wie dem Zwang zum steten Wachstum, zur ewigen Akkumulation – zu befreien und dabei Antworten auf die realen, natürlichen Mängel zu finden.

Die Krise(n) und ihr Management

RAUL ZELIK Wir haben darüber gesprochen, warum die Ökonomie, so wie wir sie kennen, so wie sie uns als Sachzwang begegnet, nicht rational, effizient oder gar sparsam ist. Zumindest sehr viel weniger, als es die Apologeten des Marktes seit Jahrzehnten verkünden. Darüber, warum der Staatssozialismus in anderer Hinsicht unökonomisch war, werden wir uns im dritten Teil unseres Gesprächs unterhalten. Zuvor würde ich mich aber gern ins Tagesgeschäft einmischen. Alle reden von der Krise, bringen pragmatische Lösungsvorschläge ins Gespräch und zerreißen diese wieder in der Luft. Dass die Vorschläge alle nicht so recht einleuchten wollen, hat natürlich auch damit zu tun, dass wir es nicht mit einer einfachen Krise zu tun haben. Die Finanzkrise verschränkt sich mit einer Überproduktionskrise, mit einer globalen Armutskrise, mit dem Klimawandel. Jedes dieser Phänomene allein würde ausreichen, um das Gesamtsystem in Frage zu stellen.

ELMAR ALTVATER Ja, das kann man so sagen. Erstens muss man, denke ich, zwischen dem Ausbruch der Krise, der ganz zweifellos im Finanzsektor zu suchen ist, und den Ursachen für diesen Ausbruch unterscheiden, die nicht allein im Finanzsektor anzusiedeln sind.

Der Finanzsektor ist der Verwalter von selbst geschaffenen Papieren, die Vermögenswerte darstellen, und zwar deshalb, weil sie das Recht auf Einkommensflüsse, die in der realen Wirtschaft produziert werden, eröffnen, versichern und verbriefen. Diese Forderungsrechte, die im Finanzsektor – man könnte sagen: in selbstreferenzieller

Autonomie – entstanden, scheren sich um keine Budget-restriktion, keine Beschränkung außerhalb des Finanz-sektors. Sie ergeben sich aus dem Geschäftsmodell *originate and distribute* : Erzeuge die Wertpapiere selbst und verkaufe sie dann weltweit auf globalen Finanzmärkten. Die Akteure der Finanzmärkte haben einfach die durch Liberalisierung und Deregulierung eröffneten Möglich-keiten umfassend wahrgenommen. Und in diesem Um-feld des »Man-kann-weltweit-alles-tun-was-man-will« wurden Finanzinnovationen entwickelt, mit denen sich die Renditen enorm steigern ließen. Dadurch konnten so absurd hohe Renditeziele, wie sie Josef Ackermann, bis 2012 Chef der Deutschen Bank, kurz vor Ausbruch der Krise 2007 formulierte und auch danach noch wie-derholt hat, ganz realistisch klingen: 25 Prozent Eigen-kapitalrendite hat Ackermann als Ziel ausgegeben, und das, während die Wachstumsraten in der realen Wirt-schaft bei zwei Prozent oder zeitweise sogar im Minus-bereich lagen.

Wie kann so etwas zusammenpassen? Jeder, der noch alle Tassen im Schrank hatte, wusste, dass das nicht gut-gehen und in einem Crash enden würde. Nur konnte man natürlich nicht vorhersagen, wann, in welchem Be-reich und in welcher Schärfe es schließlich zum Crash kommen würde.

Was haben die Banken und andere Finanzakteure ge-macht? Sie haben gelernt, ihre Forderungen zu verbriefen. Gelernt – dieser Hinweis ist wichtig. Noch in der Schul-denkrise der sogenannten Dritten Welt in den 1980er Jahren des vorigen Jahrhunderts waren die Forderungen der Banken nicht verbrieft. Banken und Bankkonsortien mussten in der Krise unter Vermittlung des Pariser Clubs und anderer Einrichtungen ihre Kredite direkt mit den verschuldeten Ländern verhandeln.

RAUL ZELIK Durch die Verbriefung wurden die Schulden dagegen an andere verkauft. Eine Bank hat Geld verliehen, ihre Forderungen dann in Paketen gebündelt und auf Finanzmärkten abgegeben. Man konnte auf die Wertentwicklung dieser Pakete wetten und mit den Einnahmen des Verkaufs neue Geschäfte machen.

ELMAR ALTVATER Ja, und diese neuen Formen des Geldhandels kamen erst in den 1990er Jahren auf. In Mexiko wurde 1994 erstmals eine Finanzkrise durch solche Geschäfte ausgelöst. Eine Krise, die vom damaligen IWF-Chef Michel Camdessus recht hellsichtig als »erste Finanzkrise des 21. Jahrhunderts« bezeichnet wurde. Sie hatte schon alle Ingredienzen, deren Gemisch dann 2007 die größte Krise in der Geschichte des Kapitalismus auslöste.

Die Finanzpakete wurden nämlich immer komplexer, weil man sie »designte«: Man bündelte Papiere, um sie attraktiver zu gestalten und um für jeden Anleger etwas im Angebot zu haben. Zu den Mexiko-Forderungen fügte man beispielsweise Papiere der US-Immobilienfinanzierer Fannie Mae und Freddie Mac hinzu, die die Sicherheit erhöhen sollten. Aufgrund der Liberalisierung der internationalen Finanzströme konnte das zu einem weltweiten Geschäft werden, bei dem man nicht mit dem niedrigsten, sondern mit dem höchsten Preis konkurrierte: Wer bietet die höchste Rendite?

Solche Papiere sind aber nur so lange werthaltig, wie die verbrieften Forderungen auch tatsächlich erfüllt werden. Das war in Mexiko 1994 nicht mehr der Fall. Das Land konnte seine Schulden nicht länger bedienen, und eine komplexe Kettenreaktion wurde in Gang gesetzt.

Die Verbriefung von Forderungen ist aber nicht das einzige Problem. Dazu kommt, dass die Banken und Finanzeinrichtungen mit immer größeren Fremdkapitalanteilen gearbeitet haben. Der klassische Fall sieht so aus, dass ein Unternehmen bei einer Bank einen Kredit aufnimmt, damit real Güter oder Dienstleistungen erzeugt und aus dem Gewinn den vereinbarten Zins an die Bank zahlt. Nun aber haben die Banken selbst so gearbeitet – ohne real etwas herzustellen. Sie haben auf der Grundlage eines geringen Eigenkapitals auf dem Finanzmarkt Fremdkapital aufgenommen, haben damit auf den globalen Märkten spekuliert und so die Rendite des Eigenkapitals gesteigert. Sie haben also Schulden gemacht und die Schulden als »Hebel« benutzt, um die Eigenkapitalrendite auf Ackermanns 25 Prozent hochzuspekulieren.. Mikroökonomisch war das völlig rational, makroökonomisch jedoch führte es zur Katastrophe, weil es eine enorme Überschuldung und Aufblähung des Finanzwesens nach sich zog.

Die in Paketen gebündelten Finanzpapiere wurden von privaten Rating-Agenturen eingestuft, das heißt, die Sicherheit der Papiere wurde abgeschätzt und diese teilweise in sogenannte Zweckgesellschaften ausgegliedert, damit sie nicht mehr in den Bankbilanzen auftauchen. Die Banken haben das gemacht, weil es die unter anderem in den Abkommen von Basel (»Basel I, II und seit 2014 auch Basel III«) festgehaltenen Regeln gibt, wonach Banken einen Mindestanteil von Eigenkapital nachweisen müssen und nicht nur mit fremden Krediten arbeiten dürfen. Außerdem muss das Eigenkapital eine bestimmte Qualität haben, um im Fall einer Liquiditätskrise schnell mobilisiert werden zu können. Mit diesen Regelungen wurde die so profitable Hebelwirkung eingeschränkt. Doch mithilfe der Ausgliederung von Krediten in »Schattenbanken« etc. wurde diese Einschränkung umgangen. Wenn man das Ganze dann auch noch *offshore* macht, also beispielsweise einen Firmensitz in der Karibik oder auf den Kanalinseln wählt, gibt es keine Bankenaufsicht, kaum Steuern und keine Auflagen mehr.

Auf diese Weise wurden zwar die Renditen hochgepumpt, doch die reale Wirtschaft konnte da nicht mitziehen. Die Wachstumsraten der Wirtschaft sind aus verschiedenen und länger zu diskutierenden Gründen in den vergangenen Jahrzehnten gesunken. Da spielt der Fall der Profitrate eine Rolle, der zwar nicht so eingetreten ist, wie Marx das prognostizierte, der sich aber doch in verschiedener Hinsicht auswirkt. Außerdem gibt es ökologische Gründe, warum das Wachstum nicht dauerhaft auf höchstem Niveau bleiben kann. Die Summen, die die Rückversicherer aufgrund der häufiger werdenden Unwetter zahlen müssen, drücken schon heute auf die Profitraten. Und das wird sich weiter verschärfen. Der »Stern Review on the Economics of Climate Change«, also der Bericht des ehemaligen Weltbank-Chefökonomen Nicholas Stern zum Klimawandel, bezifferte bereits 2006 die anstehenden Kosten des Klimawandels auf bis zu 20 Prozent des jährlichen Bruttosozialprodukts der Weltwirtschaft.

Aus welchen Gründen auch immer: Das reale Wachstum bleibt hinter den Renditeerwartungen der Finanzwelt weit zurück. Alles verbindet sich zu einem Gemisch der überhöhten Forderungen des Finanzsektors angesichts einer dahinter zurückbleibenden Leistungsfähigkeit der produktiven Wirtschaft. Dass es zu dieser divergenten

Entwicklung kommen kann, hat vor allem mit der Eigendynamik der Konkurrenz auf globalen Finanzmärkten zu tun: Man muss um die höchsten Renditen wetteifern.

Auch das Anreizsystem der jetzt so skandalisierten Managergehälter spielt eine wichtige Rolle. Das ist ja letztlich nichts anderes als das, was man früher in der DDR praktizierte. Auch dort versuchte man, das Betriebsmanagement mittels »materieller Interessiertheit«, wie es dort hieß, dazu zu bewegen, sich gemäß der Planvorgaben zu verhalten. Im realen Kapitalismus nun will man das Management durch materielle Anreize dazu motivieren, sich so zu verhalten, wie es die shareholders, also die Aktieninhaber, wünschen. Und die wollen hohe Renditen und sind dafür bereit, dem Management entsprechende Vergütungen zu zahlen. Die kurzfristige Rendite und die Entwicklung der Börsenkurse sind wichtiger als die langfristige Stabilität des Finanzsystems und die Schaffung von ökonomischem Wohlstand durch Produktion. Und auf diese Weise wird das Gesamtsystem, wie wir heute beobachten können, aus den Angeln gehoben.

Das sehen mittlerweile auch Mainstream-Ökonomen ähnlich. Die Bonus- und Anreizsystem werden heute heftig kritisiert. Und man schimpft über die »Gier der Manager«. Doch das ist völliger Quatsch, weil mit dieser Qualifizierung der Gesamtzusammenhang, weil die Funktionsweise des kapitalistischen Systems außer Acht gelassen wird.

RAUL ZELIK Sie sind im wissenschaftlichen Beirat von attac. Diese Bewegung hat in den vergangenen Jahren viel von Neoliberalismus, Finanzmärkten, Globalisierung und Spekulation, aber wenig von Kapitalismus gesprochen. Haben nicht auch Sie dieses gesellschaftliche Klima zu verant-

worten, in dem heute mit moralischen Argumenten eine
Spekulationsoberfläche problematisiert wird?

Man fühlt sich ja geradezu bemüßigt, den Finanzsektor in Schutz zu nehmen. Immerhin steckte der Westen vor dem Aufkommen des finanzgetriebenen Kapitalismus in den 1970er Jahren in einer tiefen Krise. Die Dynamik des Finanzsektors dann bescherte zumindest den Staaten, die als Vorreiter der Deregulierung gelten können – den USA, Großbritannien, Irland usw. –, stattliche Wachstumsraten.

ELMAR ALTVATER Ja, es stimmt. Einige Finanzplätze – also nicht die USA, Großbritannien oder Irland als Land insgesamt, sondern die Wall Street, Lombard Street und Dublin – haben von der Liberalisierung der Finanzmärkte profitiert. Ein Teil des finanziellen Reichtums aus aller Welt ist von diesen Finanzplätzen angesaugt worden, wurde dann von dort aus weltweit angelegt und hat den Anlegern zeitweise enorme Renditen gebracht, von denen ein Teil entsprechend der Trickle-down-These auch »nach unten« weitergegeben wurde. So hatten der einfache britische oder irische Bürger oder die Stadt New York, die noch in den 1970ern fast pleite war, auch etwas davon – und alle waren zufrieden. Das Modell des finanzgetriebenen Kapitalismus wurde daher akzeptiert und mit beträchtlicher Arroganz gepriesen. Macht man allerdings die Bilanz der kapitalistischen Entwicklung seit den 1970er Jahren insgesamt auf, so zeigt sich das Gesicht dessen, was Naomi Klein »Desaster-Kapitalismus« genannt hat: die Schuldenkrise der Dritten Welt in den 1980er Jahren, Finanzkrisen, in denen auch die Mittelschichten in den Schwellenländern enteignet wurden, ungeheure Kapitalvernichtung in der sogenannten »Dot-com-Krise« um die Jahrhundertwende herum, ökologische Katastrophen, Arbeitslosigkeit und prekäre Jobs.

Diese Gegensätzlichkeit der Entwicklung im finanzgetriebenen Kapitalismus ist auch von attac thematisiert worden. Aber Ihr Vorwurf, dass attac die Kapitalismuskritik auf die Kritik der desaströsen Wirkungsweise von Finanzmärkten reduziert habe, ist durchaus nachvollziehbar. Das hat mit den Entstehungsbedingungen von attac zu tun. Anlass war ja die Finanzkrise in den asiatischen »Tigerländern« und der Vorschlag in *Le Monde Diplomatique* 1998, die internationalen Finanzströme an die Kandare zu nehmen, um solche desaströsen Krisen in Zukunft zu verhindern. Man erinnerte sich damals, vielleicht eher zufällig, an die Vorschläge von James Tobin aus den 1970er Jahren, eine Devisentransaktionssteuer einzuführen, um auf diese Weise das Tempo aus den Finanzmärkten zu nehmen, sozusagen Sand ins Getriebe zu streuen, und die Finanzmärkte wieder stärker an die reale Geschwindigkeit des Wirtschaftens zu koppeln. Das war eine völlig richtige Idee, und später sind im Umfeld von attac noch viele andere richtige Vorschläge entwickelt worden, wie eine Begrenzung der Finanzmärkte erreicht werden könnte: vom Verbot bestimmter Finanzgeschäfte über das Schließen von Finanzschlupflöchern in den Offshore-Zentren, also den Steuerparadiesen, bis zu nationalstaatlichen Kapitalverkehrskontrollen. attac hat sich – vielleicht nicht insgesamt, denn in attac sind ja ganz unterschiedliche Traditionen und Interessen präsent – immer mehr zu einer kapitalismuskritischen Organisation entwickelt. Auch attac ist klar, dass die Kontrolle der Finanzströme allein nicht ausreicht, um Auswege aus der Krise zu finden.

RAUL ZELIK Die Unterscheidung in »reale Ökonomie« und »Finanzmärkte«, wie sie in den letzten Monaten häufig zu hören war und ja auch in unserem Gespräch immer wieder anklingt, birgt ein Problem. Sie hat eine Entsprechung in dem antisemitischen Klischee vom »schaffenden und raffenden Kapital«. Der Unternehmer, der seine Arbeiter produzieren lässt und darüber Mehrwert anhäuft, ist »gut«, der Banker, der von Zinsen profitiert, dagegen »ein Parasit«. So ungefähr lautete ja auch die Kapitalismuskritik des Nationalsozialismus. Die Gefahr, dem Antisemitismus eine Flanke zu öffnen, ist also beträchtlich.

ELMAR ALTVATER Zunächst einmal: Man kann Finanzkapital und produktives Kapital nicht losgelöst voneinander betrachten, denn jedes Kapital existiert zwangsläufig doppelt: als monetäre Größe – zum Beispiel 100 Millionen Euro – und als realer Gegenstand. Das liegt am Doppelcharakter der Ware, wie sie von Marx analysiert wurde. Wenn 100 Millionen Euro investiert werden, setzt man sie für den Ankauf von Arbeitskräften, Gebäuden, Maschinen usw. ein. Das heißt, es geht um ganz reale Gegenstände und Personen. Das monetäre Kapital verwandelt sich dadurch in produktives; allerdings nur, wenn die Arbeitskräfte auch tatsächlich arbeiten und Waren herstellen, die auf Märkten verkauft werden und sich dann wieder in Geld verwandeln. Bei diesem Schritt nimmt das Kapital erneut die Gestalt einer monetären Größe an. Das eingenommene Geld lässt sich schließlich in produktives Kapital rückverwandeln, oder man kann damit spekulieren – im zweiten Fall bleibt es innerhalb des Finanzsektors.

Dieser Doppelcharakter ist im Kapitalismus unvermeidlich. Es muss eine Doppelung geben. Die Nazi-Unterscheidung in »raffendes und schaffendes Kapital« hat insofern eine gewisse reale Grundlage. Das Absurde am nationalsozialistischen oder antisemitischen Denken ist, diese Differenzierung von Kapitalformen, die im Wesen der kapitalistischen Ökonomie begründet ist, mit rassistischen Zuschreibungen erklären zu wollen.

Nun im Umkehrschluss zu folgern, dass man die im Kapitalismus angelegte Differenzierung von real und monetär nicht mehr anstellen darf, weil man damit den Antisemiten in die Hände spielen würde, wäre ein großer Fehler. Auf diese Weise würden wir uns eines wichtigen Erkenntniswerkzeuges entledigen. Wir müssen die nationalsozialistische Wendung, die Zuschreibung ökonomischer Prozesse auf Bevölkerungsgruppen, bekämpfen. Aber wir können nicht einfach das Erkenntniswerkzeug wegwerfen, das uns erlaubt, das Wesen des Kapitals zu verstehen.

Ich würde es so ausdrücken: Richtig ist, dass die Kritik antikapitalistisch sein muss und sich nicht nur gegen die Finanzmärkte und deren Auswüchse richten darf. Man darf die Finanzmärkte nicht getrennt von der realen Wirtschaft analysieren oder präziser: Man muss die Finanzmärkte im Kontext des kapitalistischen Akkumulationsprozesses sehen. Dass sie sich so verselbstständigen konnten, ist in ihrer Dynamik angelegt. Wenn man dies berücksichtigt, ist die Kritik des finanzgetriebenen Kapitalismus nicht nur notwendig, sondern auch berechtigt. Die Mainstream-Ökonomie geht ja – in offensichtlichem Widerspruch zur Realität – davon aus, dass die internationalen Finanzmärkte den Wohlstand steigern. Der Effizienzmarktthese zufolge, für die es sogar einen Nobelpreis gab, sorgen die Finanzmärkte dafür, dass das Kapital international dort hinströmt, wo es am meisten gebraucht wird. Dieser Behauptung muss man widersprechen.

Bei Marx, der sich im dritten Band des *Kapital* mit dem zinstragenden Kapital auseinandersetzt, gibt es die Kategorie des »fiktiven Kapitals«. Es scheint, als könnte das Kapital »Junge kriegen« – um im Bild von Aristoteles zu bleiben –, als gäbe es nur noch das vorgeschossene Kapital und den Rückfluss von Renditen. Auf diese Weise hat man den Eindruck, es existierten nur noch G und G' – das sind die Marx'schen Kürzel für vorgeschossenes (Geld-)Kapital und den monetären Kapitalrückfluss. Tatsächlich jedoch kommt G', also der Renditerückfluss, nur zustande, weil Waren gekauft und verkauft, weil etwas hergestellt, Arbeit geleistet und Überschüsse produziert werden. Wenn das in der Sphäre von Produktion und Arbeit nicht zustandekommt, dann bricht die schöne Welt der hohen Renditen nach einer gewissen Zeit zusammen und erweist sich als Fiktion.

Genau das ist in der Krise geschehen. Die Leute haben sich der Fiktion hingegeben, dass aus dem Nichts hohe Renditen erzeugt werden können. Viele haben an den Börsen mitgemischt, wobei die Medien eine wesentliche und nicht gerade rühmliche Rolle spielten. Vor die Fernsehnachrichten wurden Börsenberichte geschaltet, die die Menschen stimulieren, sich an der Spekulationswelle zu beteiligen. Das Finanzgetriebene im Kapitalismus ist auf diese Weise bis in die Psyche der Menschen vorgedrungen. Wir haben es also nicht nur mit einem Mechanismus von außen zu tun. Die fetischhafte Vorstellung des »arbeitenden Geldes« ist Teil der individuellen Lebensgestaltung geworden. Hier müsste man vielleicht

Foucaults Begriff der *Gouvernementalité* ins Gespräch bringen, also eines Regierens, das die Individuen zu aktivieren versteht und zu eigenständig handelnden Akteuren des Systems macht.

In der Krise brach zeitweise auch dieser spekulative Kreislauf zusammen, weil er eben auf einer Fiktion basiert. Und dann wird sichtbar, dass es nicht nur die Finanzmärkte sind, die vor dem Kollaps stehen. Auch die »Realwirtschaft« ist betroffen, der kapitalistische Gesamtreproduktionsprozess. Wenn wir die Krise und ihre Dynamik verstehen wollen, dürfen wir also nicht nur die Finanzmärkte analysieren und kritisieren, wir müssen den Akkumulationsprozess insgesamt unter die Lupe nehmen.

RAUL ZELIK Heute wollen viele wieder zurück zu der Zeit vor dem Neoliberalismus. Man muss aber daran erinnern, dass der neoliberale, finanzgetriebene Kapitalismus die Antwort auf eine Krise war. Das staatsinterventionistische, auf Massen- und vor allem der Automobilproduktion beruhende, fordistische und keynesianische Wachstumsmodell – benannt nach der Ford'schen Fabrik und den staatsinterventionistischen Wirtschaftstheorien von John Maynard Keynes – geriet in den 1970er Jahren an systemische Grenzen. In der Ölkrise wurde die Begrenztheit fossiler Brennstoffe auch ökonomisch spürbar. Gleichzeitig drückte sich in den Revolten von Jugendlichen und Arbeitern ein Wunsch nach Selbstbestimmung jenseits der Fabrikgesellschaft aus. Man verweigerte sich den herrschenden Arbeits- und Lebensverhältnissen. In dieser Krisensituation – bis Mitte der 1970er Jahre schien eine globale Niederlage des Kapitalismus ja durchaus wahrscheinlich – eröffnete der finanzgetriebene, neoliberal regulierte Kapitalismus ein neues Wachstumsfeld. Das Problem war also nicht die Raffgier der Akteure, sondern diese »Raffgier« ermöglichte vor allem den USA und anderen Vorreiterstaaten einen neuen Wachstumszyklus.

ELMAR ALTVATER Nein, einen Wachstumszyklus im Sinne Kondratjews oder Schumpeters hat der Finanzboom nicht eröffnet. Kondratjew spricht ja von 40 bis 60 Jahre langen Wachstumswellen, die durch die Einführung neuer Technologien, Produktionsmethoden und Produkte zustande kommen und auch die Lebensweise gründlich verändern. In diesem Sinne könnte man vielleicht sagen, dass das Wachstum der letzten zwei oder drei Jahrzehnte auf der Mikroelektronik, der Kommunikationstechnologie oder der IT-Branche beruhte – aber nicht auf den Finanzmärkten. Die dort getauschten »Finanzprodukte« waren nur so etwas wie ein Nebenprodukt, das aber insofern äußerst wichtig war, weil damit hohe Renditen erzielt werden konnten – freilich nicht durch Produktion, sondern durch Umverteilung. Die Transaktionen auf den Finanzmärkten wurden durch die neuen Kommunikationstechnologien extrem beschleunigt und ihr Umfang erweiterte sich exponentiell. Aber dass das eine neue »lange Welle« war, ist stark zu bezweifeln.

Eines ist hingegen klar: In der Krise geht es nicht nur um Finanzmärkte. Es geht auch um bestimmte Produkte und Branchen, die für die wirtschaftliche Entwicklung zentral waren – vor allem das Automobil. Dieses typisch fordistische Produkt befindet sich, wie ich glaube, in seiner finalen Krise. Eigentlich ist es schon lange in der Krise, die aber immer wieder hinausgeschoben und kaschiert werden konnte. Heute hingegen ist klar, dass man den nächsten Aufschwung mit dem Automobil nicht bewerkstelligen kann.

Das bedeutet, dass sich das Ende des Fordismus zwar seit den 1970er Jahren andeutet, aber erst jetzt, fast 40 Jahre später, mit dem Abgesang des Automobils eintritt. Ich glaube, man müsste über diese These gründlicher nachdenken, weil sie, wenn sie stimmt, den politischen Antworten auf die Krise eine ganz neue Wendung geben würde.

RAUL ZELIK Das Automobil wird den Sprung vom Öl zu anderen Energieträgern nicht schaffen? In der Automobilindustrie ist doch die ganze Zeit von den neuen Brennstoffen die Rede.

ELMAR ALTVATER Man kann nichts ausschließen. Aber in den nächsten zehn bis 20 Jahren werden die neuen Technologien nicht in der Massenfertigung anwendbar sein. Und die Frage lautet ja: Was machen wir in den nächsten zehn, 20 Jahren? So weitermachen wie bisher wird schlecht gehen. Und dann stellt sich auch die Frage, wie man einen Übergang organisiert, ohne zu wissen, was in 10, 20 Jahren an Alternativen zur Verfügung steht. Weder die Brennstoffzelle noch das batteriegetriebene Elektroauto oder die Biomasseverwertung sind bislang eine Lösung. Beziehungsweise sie wären nur gangbar, wenn man andere schwere Krisen in Kauf nimmt. Man kann vielleicht sagen: Uns ist der Sprit für das Auto so wichtig, dass wir die Nahrungskrise in der sogenannten Dritten Welt und das Verhungern von vielen Menschen in Kauf nehmen, weil wir statt Nahrungsmitteln den Sprit fürs Auto auf den Agrarflächen produzieren wollen. Doch ob diese Argumentation zu rechtfertigen wäre, ob dies akzeptiert würde, wage ich zu bezweifeln. Mit Sicherheit wäre es auch politisch nicht einfach durchzusetzen, denn in der Folge käme es zu heftigen Hungerrevolten.

RAUL ZELIK Wir haben es also nicht nur mit einer Finanzkrise, sondern auch mit einer Krise der fordistischen Gesellschaft und vor allem des Automobils zu tun?

ELMAR ALTVATER Ich würde sagen, ja, auch wenn diese Meinung sicher nicht von allen geteilt wird. Die Finanzkrise ist insofern wichtig, als sie zeigt, dass die Verselbstständigung des Finanzsektors zu einer krisenhaften Auseinanderentwicklung von monetären Renditeerwartungen und realen Einkommensflüssen führt. Die Lehre daraus wäre, dass man eine solche Auseinanderentwicklung aufseiten des Finanzsektors in Zukunft durch Regulation unterbindet. In dieser Frage gibt es ja sogar bei der offiziellen Politik mittlerweile gewisse Einsichten. Die zweite Erkenntnis wäre, dass ein von Automobilproduktion und -exporten so abhängiges Land wie Deutschland sich fragen müsste, wie und mit welchen Branchen man die Realwirtschaft wieder in Gang setzen will. Das Automobil hat keine Zukunft mehr. In spätestens zehn Jahren wird uns peak oil einholen. Im Moment mag der Ölpreis noch niedrig sein, aber das wird nicht lange so bleiben. Wir dürfen auch nicht den drohenden Klimakollaps vergessen. Wenn die Reduktionsziele bei den CO_2-Emissionen eingehalten werden sollen, muss der Treibstoffverbrauch drastisch verringert werden. Mehr als die Hälfte der Ölressourcen müssen im Boden bleiben, weil ihre Verbrennung fatal wäre.

Es stellt sich also die Frage, in welche Richtung sich die Ökonomie entwickeln soll. Wir haben aufgrund der Krise großen Staatseinfluss im Finanzsektor, bis hin zur Teilverstaatlichung von Banken. Nun könnte man sagen, soll doch dieser Staat, anstatt der mikroökonomischen Vernunft der einzelnen Banken zu gehorchen – indem er zwar Kapital bereitstellt, sich aber beim Management zurückhält –, lieber der makroökonomischen Rationalität folgen und die Banken für Konversionspolitik einsetzen – eine Konversion, die den ökologischen Herausforderungen Rechnung trägt und solche Arbeitsplätze schafft, die eine Befreiung von der Arbeit, mehr arbeitsfreie Zeit und soziale Sicherheit ermöglichen.

RAUL ZELIK Ich bin entsetzt. Sie wollen den Kapitalismus heilen, ihm aus der Krise helfen. Ist das der *Green New Deal*, der das bestehende System ökologisch reformieren soll? Eine Politik der Staatsintervention, wie sie in den USA unter Roosevelt in den 1930er Jahren umgesetzt wurde – diesmal allerdings unter grünen Vorzeichen?

ELMAR ALTVATER Das Entsetzen ist auch auf meiner Seite. Denn es wäre zynisch, auf Godot zu warten, das heißt, auf das Ende des Kapitalismus. Wir leben und handeln innerhalb des Kapitalismus und ergreifen die wenigen Chancen, die sich zur Verbesserung der Lage, und sei es nur vorübergehend, bieten. Wir dürfen dabei nur nicht die längerfristige Perspektive aus den Augen verlieren, die über den Kapitalismus, wie wir ihn kennen, hinausweist.

Die Vertreter eines *Green New Deal* hingegen wollen den Kapitalismus bruchlos fortsetzen. Sie würden sich sofort mit der Automobilindustrie verbünden, wenn diese den Schadstoffausstoß von Fahrzeugen auf 120 Gramm CO_2 pro Kilometer reduzierte und bestimmte Verbrauchsnormen einhielte.

Die Verteidiger des *Green New Deal* haben ausgesprochen naive Vorstellungen über das Konfliktpotenzial innerhalb kapitalistischer Gesellschaften. Sie meinen, dass der *Green New Deal* sowohl den Kapitalisten, den Banken und dem Staat als auch den Arbeitern und Angestellten einen Gefallen täte. Alles ginge weiter wie bisher, nur dass alles schön grün angestrichen wäre. Es ist eine ziemlich naive Vorstellung, dass in einer Klassengesellschaft alle nur gewinnen können.

RAUL ZELIK Aber auch ohne Automobilindustrie wäre Kapitalismus noch Kapitalismus. Und auch wenn der Staat, so wie Sie es vorschlagen, eine Konversion in Richtung anderer Industrien vorantriebe, käme es zu heftigen Konflikten. Zu Klassenkämpfen – damit meine ich in erster Linie den Kampf, der von besitzenden, ihre Macht verteidigenden Gruppen geführt wird; der US-Milliardär Warren Buffet hat das in dem schönen Satz zusammengefasst: »Es herrscht Klassenkampf, und meine Klasse gewinnt« –, aber wahrscheinlich auch zu erbitterten Protesten der Automobilarbeiter selbst.

ELMAR ALTVATER Ja, zweifellos. Wir haben das Beispiel des Kohlebergbaus, dessen Verschwinden in mehreren »Krämpfen« verlief. Die Bergarbeiter wehrten sich gegen die Bergwerksschließungen. Der Grund ist klar: Niemand will seinen Job verlieren. Zum einen, weil es keine anderen Jobs gibt – in der gegenwärtigen Krise noch weniger als beim Umbau des Kohlebergbaus, der in Deutschland in den 1970er Jahren einsetzte, in Großbritannien dann auf so traumatische Weise in den 1980ern unter Margaret Thatcher erfolgte. Zum anderen, weil die Menschen gebrauchswertmäßig an ihrer Arbeit und ihrem Beruf festhalten, zu dem sie ja auch ein wenig »berufen« sind.

Das flexible Individuum ist eine große Illusion. Menschen haben Bindungen zu ihrem Umfeld, ihrer Tätigkeit, ihren Kollegen, ihren Freunden. Und das drückt sich in solchen Konflikten aus. Die Menschen wollen nicht herumgeschubst werden, nicht so flexibel sein, wie es heute ständig an sie herangetragen und von ihnen gefordert wird.

RAUL ZELIK Der Keynesianismus, der heute in aller Munde ist, war bis vor kurzem eher ein Steckenpferd der Linken. In Deutschland redete außer den Gewerkschaften niemand ernsthaft von staatlichen Konjunkturprogrammen. Mittlerweile hingegen ist der neokeynesianische Diskurs in der Mitte der Gesellschaft angekommen und entpuppt sich – so meine These – als oligarchisches Machtinstrument. Gewinne werden privatisiert, Verluste verstaatlicht. Die Allgemeinheit finanziert das Überleben von Banken, großen Kapitalvermögen und fragwürdigen Industriebranchen wie der Automobilindustrie. Die Staatsintervention dient also faktisch dazu, bestehende Verteilungs- und Produktionsverhältnisse – und damit auch Zwangsbeziehungen zwischen Menschen – aufrechtzuerhalten und weiter zu verschärfen. Eigentlich hätte man das vorhersehen können: Während des Blockkonflikts war dem Staat ein sozialer Kompromiss eingeschrieben. Der Westen wollte seine soziale Integrationskraft unter Beweis stellen; die Staatsintervention wirkte also eher ausgleichend. Heute hingegen haben wir es mit einem Staat zu tun, der viel stärker den Interessen von Eliten dient.

ELMAR ALTVATER Ich würde sagen, dass im Zusammenhang des *Green New Deal* und des modernen Keynesianismus eine Art Mummenschanz stattfindet. Das heißt, man verkleidet sich in Kostümen aus einer anderen Zeit, verfolgt dabei jedoch etwas ganz anderes. Das, was heute als *Green New Deal* in der Diskussion ist, hat mit dem New

Deal Franklin Roosevelts aus den 1930er Jahre und der damals geführten Debatte wenig zu tun.

Im klassischen Keynesianismus ging es darum, Arbeitsplätze zu schaffen, um im Systemwettbewerb mit der Sowjetunion bestehen zu können, die 1928 mit dem System der Wirtschaftsplanung begonnen hatte. Die sowjetische Planwirtschaft war ja zunächst sehr erfolgreich – wir haben bereits darüber gesprochen. Während der Kapitalismus in einer globalen Krise steckte, erzielte die Sowjetunion hohe Wachstumsraten und litt unter Arbeitskräftemangel. Vor diesem Hintergrund zielte der Keynesianismus darauf ab, den Kapitalismus wieder attraktiv zu machen. Das Motto hieß: Wenn eine Million Menschen arbeitslos sind und systemdestabilisierend wirken, dann muss ich dafür Sorge tragen, eine Million Arbeitsplätze zu schaffen. Keynes' Ziel war ganz explizit die Rettung des Kapitalismus.

Man könnte sagen, dass auch diejenigen, die sich heute das keynesianische Kostüm anziehen, von dieser Sorge bewegt sind: Sie wollen den Kapitalismus retten. Dabei geht es diesen Neo-Keynesianern vor allem um die Bewältigung der nicht zu leugnenden ökologischen Herausforderungen. Die Bedrohung heute ist nicht mehr die relative Attraktivität einer Sowjetunion für arbeitslose Massen – nach dem Motto: jenseits der sieben Berge, im Schneewittchenland, da ist jemand schöner als du und bietet Arbeitsplätze –, sondern die ökologische Gefahr. Für Keynes spielte die Ökologie keinerlei Rolle, doch heute scheint der Kapitalismus existenziell in Frage gestellt zu sein – und zwar durch die ökologische Zerstörung, die der Kapitalismus verursacht und die ihm die Grundlage zu entziehen droht.

RAUL ZELIK Sprechen wir konkreter über das Krisenmanagement. Mit den Rettungspaketen hat man im großen Stil Spekulationsverluste verstaatlicht. Wäre es – aus einer volkswirtschaftlichen Logik – nicht rationaler gewesen, man hätte die Banken pleitegehen lassen? Es wird immer damit argumentiert, der Geldkreislauf wäre dann kollabiert. Aber man hätte auch gezielt den öffentlichen und genossenschaftlichen Finanzsektor stützen und zum Beispiel kleinere Geldvermögen bis 100.000 Euro retten können. Die Versorgung der »Realwirtschaft«, also von Unternehmen und Betrieben, hätte dann über öffentliche Geldinstitute wie die Sparkassen sichergestellt werden können. Auf diese Weise hätten die Bankeninsolvenzen in erster Linie die großen Vermögen betroffen. Und das wäre auch richtig gewesen. Denn der Finanzsektor hat in den vergangenen 30 Jahren den Reichtum der Gesellschaft radikal umgeschichtet. Das globale private Finanzvermögen nahm zwischen 1980 und 2013 von zwölf auf 120 Billionen US-Dollar zu. Das Weltsozialprodukt wuchs in der gleichen Zeit von zehn auf fast 78 Billionen US-Dollar. Unser konkretes Leben findet nun aber nicht in Geldwerten, sondern in realen Gütern und Dienstleistungen statt. Das rasante Wachstum der Finanzvermögen hat also diejenigen teilweise »enteignet«, die über kleinere oder kein Vermögen verfügen.

Wenn der Staat nun für entwertete Ansprüche von Kapitalbesitzern einspringt, heißt das auch, dass die spekulative, blasenartige Erweiterung des Finanzvermögens nicht mehr korrigiert werden kann. Die verschobenen Leistungsansprüche werden von der Allgemeinheit finanziert.

ELMAR ALTVATER Ich sehe das ähnlich. Es gab keine Notwendigkeit, die großen Privatbanken zu retten. Man hat damit argumentiert, dass Banken systemwichtig sind und systemwichtige Einrichtungen gerettet werden müssen. Man muss, wenn so argumentiert wird, immer nach dem mit großen Finanzspritzen zu schützenden System fragen.

RAUL ZELIK Nach der Finanzkrise wurde von verschiedenen Seiten der Vorschlag gemacht, man sollte über eine Beschränkung von Geldfunktionen und Geldökonomie nachdenken. So haben Kirchenkreise das Zinsverbot der Scharia gelobt, andere haben sich an Keynes' Vorschlag einer transnationalen Leitwährung erinnert, deren Wert an Gold und andere Edelmetalle gekoppelt werden könnte. Herumgespukt ist auch die 100 Jahre alte Idee Silvio Gesells, Geld solle nur noch als Tauschmittel fungieren und dafür mit einem Negativzins belegt werden.

Ich bin gegenüber diesen Debatten sehr misstrauisch. Die Zinskritik hat immer einen schalen Beigeschmack – wir haben das schon thematisiert. Sie hat nämlich nur eine bestimmte Form des Kapitals vor Augen und macht, zumindest implizit, einen klar begrenzten Personenkreis für Krisen- und Ausbeutungsverhältnisse verantwortlich. Andererseits haben Sie bei Ihrer Kritik der Chrematistik, also der Wert- und Geldökonomie, ja auch eine Begrenzung der Finanzkreisläufe gefordert. Was also ist falsch, was ist richtig an der Diskussion um Reformen der Geldökonomie?

ELMAR ALTVATER Silvio Gesell, den Sie gerade erwähnt haben, ist als politische Gestalt sicherlich mehr als fragwürdig. Er entwarf Anfang des 20. Jahrhunderts das Modell eines »Freigeldes« – eines Geldes mit negativem Zins. Der Wert dieses Geldes würde verfallen, wenn man es liegen lässt, also nicht ausgibt, spart oder aufschatzt. Verbunden hat er das mit Vorschlägen einer »Freiwirtschaft«

und von »Freiland«, mit dem das Bodenmonopol gebrochen werden sollte. Das war und ist immer noch vielen sympathisch. Das große Problem ist jedoch, dass es von Gesell eine bedenkliche Brücke zum Rassismus gibt. Er hat sich von diesen Maßnahmen ja unter anderem das Entstehen einer »neuen Rasse« erhofft. Bezeichnend ist auch, dass es in der Bundesrepublik Deutschland in den 1940er und 1950er Jahren vor allem ehemalige Gesellianer waren, die die neoliberale »Aktionsgemeinschaft Soziale Marktwirtschaft« trugen. Die Verbindung der Gesellianer zum Neoliberalismus war also sehr viel stärker als der Bezug zu kritischen Ansätzen der Gesellschaftstheorie. Auch das sollte zu denken geben.

Was nun Ihre Frage angeht: Beschränkungen der Geldökonomie sind sicherlich sinnvoll, weil das nur seiner inneren Logik gehorchende Geld wächst und wächst und es im Kapitalismus unter anderem dadurch eine Tendenz zur – wie es der österreichische Wirtschaftshistoriker Karl Polanyi genannt hat – »Entbettung« von Märkten gibt. Das heißt, Märkte tendieren dazu, sich aus gesellschaftlichen Zusammenhängen zu lösen. Wenn nun aber die Arbeitsmärkte »entbettet« werden, wenn sich das Geld verselbstständigt, wenn die Natur dem Markt unterworfen wird, indem Grundstücksmärkte oder Märkte für Naturprodukte entstehen, dann gehen die Arbeit, das Geld und die Natur als Medien kaputt, in denen Menschen kommunizieren bzw. leben. Beschränkungen, die dieser »Entbettung« entgegenwirken, sind also unumgänglich.

Man muss Folgendes bedenken: Auch wenn es einem nicht darum geht, den Kapitalismus zu retten, muss eine alternative Strategie im Existierenden, also im Kapitalismus, ansetzen. Und da sind Begrenzungen notwendigerweise ein erster Schritt. Die Frage lautet dann aber, ob man das so bewerkstelligen kann, wie es sich die meisten Geldkritiker vorstellen. Nämlich, ob man einfach den Zins abschaffen und zinsloses Geld kreieren kann, das dann nur noch eine Tauschmittelfunktion ausübt. Keynes hat Silvio Gesells »Schwundgeld«, das seinen Wert einbüßt, wenn es nicht in einer bestimmten Frist in die Zirkulation geworfen wird – das Gesell'sche Geld setzt sich aus Coupons zusammen, die zu bestimmten Fristen verfallen und dann nicht mehr verwendet werden können –, für durchaus attraktiv gehalten. In seiner *Allgemeinen Theorie des Geldes, des Zinses und der Beschäftigung* von 1936 setzt sich Keynes in einem kleinen Kapitel mit Gesell auseinander und hat eigentlich nur positive Worte für ihn übrig, auch wenn er das Modell nicht ganz akzeptiert.

Mir hingegen scheint es völlig inkohärent, die Entstehung des Zinses zu kritisieren, ohne über den Mehrwert ein Wort zu verlieren, ja, ohne den Zusammenhang von Geldsphäre und Produktionssphäre auch nur zu thematisieren. Die Grundfrage lautet, wie das Geld letztlich zustande kommt. Entsteht es, weil Zinsen gezahlt werden, oder dadurch, dass Waren getauscht werden, diese Waren zuvor durch Arbeit produziert wurden und diese Arbeit in einer kapitalistischen Gesellschaft als Lohnarbeit geleistet wird? Muss ich nicht das gesamte soziale Verhältnis der Gesellschaft in meine strategische und wissenschaftliche Konzeption von Geld, Kredit und Zins einbeziehen? Geld ist ja auch eine Ware, die gegen einen Preis, den Zins nämlich, veräußert wird. Kann ich den Zins abschaffen, ohne das Geld als Ware – und mit dem Geld als Ware den Warencharakter generell – ab-

zuschaffen? Die hier nur in Frageform ange⟨⟩
sammenhänge werden von den Zinskritikei⟨⟩
nicht aufgearbeitet. Und ich denke, das liegt⟨⟩
sie eine falsche Vorstellung vom Geld haben.

RAUL ZELIK Und was wäre dann – in wenigen Worten – die
richtige Vorstellung vom Geld?

ELMAR ALTVATER Wenn man vom Geld redet, muss man zunächst von der Form des Geldes ausgehen. Sie ergibt sich
aus der Wertform aller Arbeitsprodukte. Die Form ist
für den verkehrten Schein verantwortlich; als ob Geld
vom Staat oder anderen Institutionen in die Zirkulation
geworfen würde. Nein, es steckt bereits in jeder Ware,
wenn diese als Äquivalent für andere Waren dient. Erst
wenn die Form des Geldes erkannt ist, kann man dessen
Funktionen näher bestimmen. Es dient ja als Maß der
Werte, als Zirkulationsmittel, als Schatz oder Wertauf-
bewahrungsmittel und als Zahlungsmittel, als Kredit. Es
muss auch die Rolle des Weltgeldes berücksichtigt werden. Zeit und Raum sind also wichtig, denn alle Zirkula-
tionsakte des Geldes können nach Zeit und Ort auseinanderfallen. Ich brauche das Geld, das ich eingenommen
habe, nicht sogleich und vor allem nicht am gleichen Ort
wieder auszugeben. Zahlungsketten können also reißen,
und dies insbesondere, wenn dabei der Kredit ein Rolle
spielt. Im Geld ist also ganz prinzipiell die kapitalistische
Krisenhaftigkeit angelegt. Ohne Geld könnte es keine Krisen geben. Aber angesichts der Vielfalt von Funktionen,
die das Geld erfüllt, ist eine geldlose Ökonomie schwer
vorstellbar. Eher vorstellbar ist freilich eine Ökonomie
mit Geld, aber ohne Kapital.

RAUL ZELIK In Anlehnung an Keynes wurde immer wieder
auch verstärkt über eine »Ankerung« des Geldes disku-

⌐iert. Man hat eine Reform des Weltwährungssystems vorgeschlagen, die auch eine »Rematerialisierung« des Geldes beinhalten könnte. John M. Keynes hatte in den 1940er Jahren die Einführung einer transnationalen Leitwährung vorgeschlagen. Der Preis der Kunstwährung Bancor sollte an einen Korb von Edelmetallen gekoppelt werden.

Wenn ich das richtig sehe, würde eine Bindung des Geldes an Realwerte die Expansions- und damit auch Zerstörungstendenzen der Geldökonomie bremsen. Geldmengen könnten dann nämlich nicht mehr so unkontrolliert und losgelöst wachsen wie zuletzt. Andererseits gab es im 19. Jahrhundert heftige Krisen, weil den Realökonomien Geld fehlte. Das lag unter anderem daran, dass aufgrund der Goldbindung die Geldmenge nicht einfach erweitert werden konnte. In einer Krisensituation fehlte somit das Schmiermittel, das für die Zirkulation von Waren unverzichtbar ist. Nicht zuletzt aus diesem Grund wurde die Edelmetallbindung von Währungen gelockert und später ganz aufgegeben. Die Golddeckung verknappte das Geld nämlich gerade in Liquiditätskrisen auf unnötige Weise.

ELMAR ALTVATER Ja, richtig. Das Goldgeld zeichnet sich dadurch aus, dass es an ein Material gebunden ist. Geld jedoch ist letztlich eine flüchtige Form des Wirtschaftens und Zusammenlebens. Entscheidend am Geld ist die Form, nicht das Material. Ich habe in meinen Ökonomiekursen immer wieder festgestellt, wie ungeheuer schwer es den meisten Menschen fällt, das zu begreifen.

Was das Material des Geldes angeht, ist eigentlich nur eine Frage relevant: nämlich, welches Material funktional ist, um die Ansprüche zu erfüllen, die von der Form des

Geldes herrühren. Das heißt, es muss selbst irgendwie wertvoll sein, also einen intrinsischen Wert besitzen. Es muss teilbar, leicht und vor allem auch knapp sein – was sich mit dem Aspekt deckt, dass es selbst Wert haben muss. Diese Eigenschaften haben am ehesten das Gold oder andere Edelmetalle. In manchen Kulturen können aber auch Muscheln solche Funktionen ausüben.

Im Kapitalismus ist eine durchgängige Tendenz der »Dematerialisierung« wirksam, also auch der Lösung des Geldes von seiner metallisch-natürlichen Begrenztheit. Die mittelalterlichen Alchimisten wollten das natürlich begrenzte Gold künstlich herstellen. Goethe war es, der erkannte, dass der Ersatz des Goldes durch Papier eine viel intelligentere Verwirklichung des alten Alchimistentraums ist, Geldreichtum aus dem Nichts zu erzeugen. Doch die nun prinzipiell mögliche unbegrenzte Geldvermehrung ist gefährlich, da ja das Papiergeld einen Anspruch auf den real produzierten Reichtum darstellt – und dieser bleibt begrenzt. Daher muss das Geld künstlich, institutionell, durch eine Zentralbank knapp gehalten werden. Wir sind also wieder bei der Frage der Knappheit gelandet.

Was nun das Verschwinden des Goldgeldes angeht, so muss man Folgendes sehen: Wie jedes Metall auf Erden steht auch das Gold nur begrenzt zur Verfügung. Die kapitalistische Akkumulation hingegen ist unbegrenzt. Insofern stellt es einen Widerspruch dar, die Akkumulation und die Geldversorgung dieser Akkumulation an ein Material zu binden, das selbst begrenzt ist.

Das ist das wichtigste Argument gegen alle Versuche, die Goldwährung wieder einzuführen – wie es zum Beispiel der französische Präsident Charles de Gaulle unter

Einfluss von Wirtschaftstheoretikern wie Jacques Rueff in den 1960er Jahren noch einmal versuchte. Diese Leute haben nicht verstanden, dass eine tendenziell unbegrenzte Akkumulation durch eine Bindung an ein begrenztes Material behindert wird.

Es muss also darum gehen, die Form des Geldes so zu organisieren, dass es den Herausforderungen der kapitalistischen Akkumulationsdynamik gerecht wird. Das Papiergeld erlaubt eine Entgrenzung. Aber um das Papiergeld knapp zu halten, wie es das Gold von seiner Natur aus ist, muss das Papiergeld – wie erwähnt – künstlich von einer Institution knapp gehalten werden. In der Zeit der Goldwährungen gab es keine Zentralbanken. Papierwährungen hingegen können nur in Verbindung mit Zentralbanken funktionieren, die eine Geld- und Zinspolitik betreiben und dafür sorgen, dass das Geld »wertvoll« bleibt, obwohl die Papierzettel oder die Bits und Bytes selbst keinen Wert haben.

Aus diesem Grund ist es auch so problematisch, wenn der Finanzsektor in der Krise mit Geld geflutet wird. Die großen Rettungspakete unterminieren nämlich das Geld. Die Zentralbanken werden letztlich keine Möglichkeit mehr haben, den Geldwert zu verteidigen. Dieses Phänomen wird uns in den nächsten Jahren begleiten. Im Moment scheint noch eine deflationäre Situation zu herrschen, aber das wird sich nach meinem Dafürhalten in den nächsten Jahren umdrehen. Die Vergrößerung der Geldmenge wird das Geld massiv entwerten. Im Augenblick kommt die inflationäre Tendenz nur deshalb nicht zur Geltung, weil der Druck auf die Einkommen die Nachfrage senkt.

Es kommt also darauf an, die folgende doppelte Bewegung zu erkennen: Das Geld entwickelt sich zum einen weg vom Material hin zu einer immateriellen Existenz: vom Gold zum Papier, vom Papiergeld zu irgendwelchen Buchforderungen und von da schließlich zum digitalen Geld, das nur noch als Bits und Bytes existiert. Auf der anderen Seite muss jedoch institutionell gewährleistet werden, dass dieses Geld, das keinen intrinsischen Wert mehr besitzt, knapp bleibt. Das ist die große Aufgabe, vor der die Zentralbanken stehen und an der sie teilweise auch scheitern.

RAUL ZELIK Die Zinsen waren in den USA so niedrig, dass Banken Geld aufgenommen haben, um damit im Finanzsektor zu spekulieren.

ELMAR ALTVATER Ja, die Finanzmarktakteure haben sich hoch verschuldet – zumal wenn das Schuldenmachen wegen niedriger Zinsen billig ist –, das aufgenommene Kapital »arbeiten« lassen und konnten so die Eigenkapitalrendite steigern. Diese Überschuldung wurde vielen Banken zum Verhängnis.

Die niedrigen Zinsen haben aber auch die privaten Haushalte dazu veranlasst, sich zu verschulden. Das war ja der Auslöser der *Subprime*-Krise: Man konnte problemlos und zu niedrigen Zinsen Hypothekenkredite aufnehmen und sich ein Haus kaufen.

RAUL ZELIK Auf dem US-Hypothekenmarkt wurden Risiken praktisch gar nicht mehr kalkuliert. Vor der *Subprime*-Krise konnte man weitgehend ohne Eigen-, sprich: Haftungskapital Kredit für einen Häuserkauf bekommen. Der Marktpreis der Häuser galt den Banken als Sicherheit. Solange die Immobilienpreise stiegen, war das für alle Beteiligten risikolos. Als dann jedoch viele Häuser gleichzeitig zum Verkauf angeboten wurden, waren die Sicherheiten schlagartig entwertet.

ELMAR ALTVATER Hier war wieder der so häufig gelobte Mechanismus der Konkurrenz am Werk. Die Banken buhlten um jeden Kreditnehmer, denn sie verdienen an den Kreditzinsen. Um gut im Geschäft zu sein, schauten sie nicht so genau hin. In anderen Ländern wäre das in dieser Form nicht möglich gewesen, weil es Vorschriften über Mindestgarantien gibt. Die Liberalisierung der US-Finanzmärkte erlaubte es den Banken dort jedoch, nach Gutdünken Kredite zu vergeben.

Die Kosten solcher Geschäfte sind vor allem auch soziale: Mit dieser Art von Kreditvergabe hat man Millionen von Menschen ins Messer laufen lassen. Man warf ihnen Kredite hinterher, ermunterte sie zur Überschuldung und setzte sie dann, als sie den Schuldendienst nicht mehr leisten konnten, auf die Straße. Hunderttausende wohnten nach Ausbruch der Krise 2008 längere Zeit in Zeltstädten oder in ihren Autos und waren auf karitative Hilfe angewiesen.

RAUL ZELIK Ja, darüber hört man abenteuerliche Berichte. So haben die Banken drei Millionen säumige Schuldner in den USA räumen lassen, können die Immobilien nun aber nicht verkaufen, weil es keine Nachfrage gibt. Das heißt: Die Häuser verfallen, denn unbewohnte Objekte werden nicht gepflegt; gleichzeitig übernachten die ehemaligen Bewohner provisorisch in Zelten und Wohnwägen. Ineffizienter geht es eigentlich kaum: Die Güter sind da, aber man darf sie nicht benutzen. Am Ende wird man – wie heute schon in Ostdeutschland – die Häuser vielleicht sogar abreißen, damit sich die Preise auf dem Wohnungsmarkt erholen.

ELMAR ALTVATER Zur kreditfinanzierten Immobilie kommen die Konsumentenschulden. Millionen von Menschen haben ihr Leben mit Kreditkarten finanziert, die ihnen regelrecht hinterhergeworfen wurden, und haben über ihre Verhältnisse konsumiert. Die Kredite wurden von den Banken verbrieft, insbesondere mit Hilfe der großen Immobilienfinanzierer Fanny Mae und Freddy Mac, die die so generierten Papiere in aller Welt als sichere Anlagen verkauften. Viele deutsche Landesbanken, die Hypo Real Estate usw. haben sie ins Portefeuille genommen und versucht, an der globalen Bonanza teilzuhaben. Das Ergebnis ist bekannt: die Pleite, deren Kosten die Steuerzahler wohl werden schultern müssen.

Auch China hat diese Papiere gekauft, und zwar mit den Deviseneinnahmen aus den Exportgeschäften mit den USA. China exportierte also in die USA, indem es die USA und letztlich die US-Haushalte kreditierte. Ein armes Land gab dem reichsten Land der Erde Entwicklungshilfe! So absurd kann Kapitalismus sein. Doch es hat sich gezeigt, dass das auf Dauer nicht geht. Nun haben die Chinesen Devisenbestände von 3400 Milliarden US-Dollar und noch einmal 1800 Milliarden US-Dollar in anderen Anlageformen. Sie wissen nicht, ob sie diese jemals einlösen können. Wir sehen hier, wie sehr in der Finanzkrise geopolitische Konflikte glimmen, aus denen ein offenes Feuer werden kann.

Die Konkurrenz zwischen den USA, Europa und Ostasien droht, das ist zumindest meine Befürchtung, auch eine militärische Komponente zu bekommen. Hoffentlich liege ich damit falsch.

RAUL ZELIK Dieser Punkt ist eng verschränkt mit einem weiteren Aspekt der Krise: dem absehbaren Ende des fossilen Energiemodells. Die Brennstoffe Öl und Kohle haben bislang bestimmenden Einfluss auf die globalen

Verhältnisse gehabt. Diese spezifische Verbindung von Ökonomie, Lebens- bzw. Konsummodell und geopolitischer Macht scheint nun ihrem Ende zuzugehen. *Peak Oil*, die historische Ölhöchstförderung, naht oder ist bereits überschritten. Insofern wäre es an der Zeit, eine Geschichte des Ölzeitalters zu schreiben. Was denken Sie: Wie werden die letzten Jahrzehnte dieses fossilen Zeitalters aussehen? Wird der Ressourcenkrieg zu einem dauerhaften Zustand werden?

Man muss in diesem Zusammenhang vielleicht daran erinnern, wie sehr der Ressourcenkrieg schon Realität ist. Im Fall Irak wird ja fast immer unterschlagen, dass sich das Land nicht im zweiten, sondern bereits im *dritten* Golfkrieg befindet. Seit 1980 herrscht ununterbrochen Krieg oder ein kriegsähnlicher Blockadezustand. Erst hat der Irak mit Unterstützung des Westens den Iran angegriffen, dann haben die Westalliierten den Irak aus Kuwait vertrieben, das Land einer für die Zivilbevölkerung fürchterlichen Blockade unterworfen und es schließlich blutig besetzt.

Wird sich dieser permanente Kriegszustand womöglich auf andere Förderländer ausweiten?

ELMAR ALTVATER Die US-Konservativen um den ehemaligen Vizeverteidigungsminister Paul Wolfowitz haben die Irakinvasion ganz offen als Krieg bezeichnet, in dem »unsere Interessen«, also die Interessen der Industriestaaten, an einer gesicherten Energieversorgung verteidigt werden. Die NATO hat ihre Sicherheitsstrategie seit dem Zusammenbruch des Ostblocks 1991 in mehreren Etappen modifiziert und darin die Energiesicherheit als zentralen Bestandteil eines erweiterten Sicherheitskonzepts definiert. Nun darf man das nicht als Plädoyer für eine traditionell imperialistische Politik verstehen. Es geht nicht darum, Ölterritorien zu besetzen, sondern das Öl auf »freie Weltmärkte« zu leiten. Denn dort haben die Konzerne aus den reichen Industrieländern sowieso das Sagen. Die Energiesicherheit basiert also auf dem freien Marktzugang zu den Energiequellen. Man muss dafür »freie Märkte« und ein allgemein akzeptiertes Geld durchsetzen. Dieses Geld ist der Dollar, den die USA selbst produzieren können – womit sie auf der sicheren Seite stehen. Aus diesem Grund ist die Frage, welche Währung als Ölwährung fungiert, so wichtig. Andere Nationen, die nicht über den Dollar verfügen und sich die Energie über den Markt besorgen müssen, leiden schon heute unter großem Energiemangel. Viele Länder Afrikas können sich den Import von Öl schlichtweg nicht mehr leisten. Deshalb scheint es mir auch so wichtig, den Begriff des »freien Marktes« als Ideologie zu kritisieren. Zumal es sich um eine für die Industriestaaten ausgesprochen bequeme Ideologie handelt: Diese Staaten verfügen über die Währungen, mit der man Ressourcen kaufen kann. Großen Teilen der Weltbevölkerung hingegen bleibt der Zugang zu den »freien Märkten« verwehrt.

Blicken wir nun auf den Irak. Die US-Invasion erfolgte meiner Ansicht nach auch, weil Saddam Hussein versuchte, das Öl nicht mehr in Dollar, sondern gegen andere Währungen zu verkaufen. Die Bedeutung des Irak für die Energieversorgung der USA ist zwar nicht allzu entscheidend. Doch eine solche gegen den Dollar gerichtete Entscheidung hätte auf die Preisbildung und die Öllogistik enorme Auswirkungen haben können. Sie hätte den Zugang der USA zu den Energieträgern drastisch erschwert. Beim Krieg ging es also nicht – klassisch imperialistisch – darum, Ölfelder zu besetzen und für die eigenen Zwecke auszubeuten. Man wollte vielmehr das Gesamtsystem der Versorgung mit fossilen Energieträgern aufrechterhalten und gestalten – und in diesem Zusammenhang den Dollar als Ölwährung behaupten.

Das heute herrschende Energiemodell befindet sich aber auch aus anderen Gründen in einer Krise. Die großen Ölkonzerne haben in den vergangenen Jahren viel zu wenig in die Exploration und Erschließung von Ölvorkommen investiert. Die Internationale Energiebehörde kalkuliert, dass mehrere Tausend Milliarden US-Dollar an Investitionen getätigt werden müssen, um die Ölversorgung weiterhin zu garantieren. Enorme Probleme gibt es auch bei der Logistik: Die globale Öltankerflotte ist zu groß, bei den Pipelines gibt es hingegen Engpässe – und Pipelines haben immer einen territorialen Aspekt. Territorien wiederum müssen von Militärs gesichert werden, denn der freie Markt kann solch eine Sicherheit nicht gewährleisten. Also wird beispielsweise die Pipeline, die von Baku nach Ceyhan in der Türkei führt, militärisch geschützt. Dafür muss man Georgien in die NATO bringen und einen Konflikt mit Russland vom Zaun brechen. Der Krieg, der 2008 zwischen Georgien und Russland ausbrach, ist in diesem Zusammenhang zu sehen. Ganz ähnliche Konflikte gibt es bei den Pipelines, mit denen man das zentralasiatische Gas nach Westen transportieren möchte. Und nicht zuletzt hat, was ich Ihnen als Lateinamerikakenner sicherlich nicht erklären muss, auch das US-Militärhilfepaket für Kolumbien, der sogenannte *Plan Colombia*, mit dem Schutz von Pipelines zu tun. Dort geht es nicht einfach nur um Drogenbekämpfung, sondern auch um die militärische Sicherung von Ölförderung und -transport.

RAUL ZELIK Ja, innerhalb des *Plan Colombia* gab es große Sonderposten zum Schutz der Oxy-Pipeline. Kolumbien war in den 2000er Jahren immerhin der achtwichtigste Öllieferant der USA.

ELMAR ALTVATER Die militärische Sicherung der Öllogistik spielt schließlich auch außerhalb von kontinentalen Territorien eine wichtige Rolle. Das sehen wir heute vor der Küste Somalias. Es mag einen belustigen, dass ein paar bewaffnete Jungs die geballte Militärmacht des Westens am Horn von Afrika zum Narren halten können. Doch letztlich ist die Angelegenheit überhaupt nicht lustig. Die Piratenjagd dient dazu, Tanker- und Handelsrouten militärisch abzusichern. Auch hier leistet das Militär das, was der freie Markt nicht kann. Denn gerade dieser freie Markt hat das Problem mit verursacht: Europäische Giftmüllentsorger haben ihre »Freiheit« genutzt, um hochtoxischen Müll vor den Küsten Somalias zu deponieren. Europäische Fischereiflotten haben die Gewässer leer gefischt und so dafür gesorgt, dass die einheimische Bevölkerung sich neue Einkommensquellen suchen musste. Die Macht spielt also immer eine zentrale Rolle: als Militär-, aber auch als Kapitalmacht. Mit den hoch automatisierten Fischereiflotten der Industriestaaten kann der somalische Fischer nicht konkurrieren. Er wird keine Fische mehr fangen und droht zu verhungern.

Solche Zusammenhänge sind in Rechnung zu stellen. Sie verweisen alle darauf, dass die Ressourcenkonflikte zunehmen und immer deutlicher einen militärischen Charakter haben werden.

RAUL ZELIK Sicherheitsdebatten, der Verweis auf die »globale Verantwortung« des Westens und selbst eine positive Bezugnahme auf imperiale Politik – das alles gehört heute

wieder zum normalen Diskurs in deutschen Medien und
an den Universitäten. Deutschland soll in der Welt ord-
nungspolitisch eingreifen , heißt es – wobei Grüne und
SPD mit dem Verweis auf Freiheit und Menschenrechte
oft noch interventionistischer auftreten als die Rechte.
Das Ressourcen- und Energiemodell bestimmt das Bewusstsein, es schafft sich seine Ideologie …

ELMAR ALTVATER Das fossile Energiemodell ist sehr attraktiv,
und die wenig attraktiven Nachteile kommen erst sehr
langsam zu Bewusstsein. Es ist ein geschlossenes Modell,
und daher gibt es, wenn man sich erst einmal darauf eingelassen hat, wenig Freiräume. Es werden Energieträger
aus der Erdkruste herausgeholt, um den Erdball trans-
portiert und schließlich verbrannt. Auch die Emissionen
verbleiben innerhalb dieses globalen Systems. In 150 Jahren Ölzeitalter – 1859 hat Standard Oil zum ersten Mal
im industriellen Maßstab Öl gefördert und verkauft; das
war der Anfang des Rockefeller-Imperiums – ist ein glo-
bales Energiesystem entstanden, das globale Sicherheit
erforderlich macht. In der NATO sind jene Industriestaaten zusammengeschlossen, deren Existenz nach wie
vor von eben diesen Energieträgern abhängig ist. Es ist
bezeichnend, dass sich die NATO 1991 nach dem Zusammenbruch des sozialistischen Lagers nicht aufgelöst
hat. Denn ihrem Gründungsauftrag nach war die NATO
damals überflüssig geworden. Doch man hat sie in »wei-
ser« Voraussicht bewahrt und transformiert.

Die »neuen Kriege« sind nicht erfunden worden, sondern sie sind nicht zuletzt auch eine Antwort auf die Konstellation, die von den westlichen Industriestaaten nach
dem Ende der bipolaren Blockkonfrontation vorgegeben
wurde. Ich denke, dass dieser Aspekt bislang viel zu we-

nig berücksichtigt worden ist. Warlords und zerfallende Staaten agieren auf einem Feld, das von den westlichen Industriestaaten und den von dort aus operierenden Konzernen, Banken und auch Nichtregierungsorganisationen als das neue Theater der Kriegführung inszeniert wird. Insofern sollte man nicht von »neuen Kriegen«, sondern von einem »neuen Theater der Kriegführung« sprechen. So langsam beginnt uns zu dämmern, was es mit dieser NATO auf sich hat. Sie soll die Energie- und Ressourcensicherheit in globalem Maßstab militärisch gewährleisten. Und Deutschland ist daran selbstverständlich aktiv beteiligt. Die Betroffenen finden wir in aller Welt; zum Beispiel am Hindukusch, wo deutsche Soldaten sterben, um die »Freiheit« in Paderborn oder Hoffenheim zu verteidigen.

Militärische Konflikte entfalten sich in diesem geschlossenen Energiemodell aber nicht nur an Förderorten und Handelsrouten. Auch die Emissionen, die dieses Energiemodell produziert, verursachen Konflikte. Wir werden es in Zukunft verstärkt mit Klimakonflikten zu tun haben. Darüber ist man sich mittlerweile auch in den Verteidigungsministerien im Klaren. Verschiedene Pentagon-Szenarien beschäftigen sich damit, was der Klimawandel an Gewaltpotenzial birgt und wie man sich im hoch entwickelten Westen vor den Risiken wappnen kann.

RAUL ZELIK An dieser Stelle würde ich gerne ausführlicher auf die westlichen Militär- und Sicherheitsdoktrinen eingehen – ein Thema, mit dem ich aufgrund meiner Arbeit in Kolumbien häufiger in Berührung komme.

Ich denke, man sollte zunächst daran erinnern, dass die Neuorientierung von US-Militärstrategien in den vergangenen Jahrzehnten schon häufiger unter demokratischen Präsidenten erfolgte. Zu der Neubestimmung der NATO-Aufgaben, die Sie gerade angesprochen haben und die vom US-Konfliktforscher Michael Klare als wirtschaftszentriert (*econocentric*) bezeichnet wird, kam es in den 1990er Jahren unter der Clinton-Regierung. Im Rahmen dieser Neuorientierung definierte man den globalen Zugang zu Ressourcen und Märkten als Kernaufgabe der US-Militärs.

Und auch der Strategiewechsel gegenüber sogenannten kleinen Kriegen (*small wars*) wurde von einer demokratischen Regierung forciert. Die Kennedy-Regierung vollzog in den 1960er Jahren eine Verschiebung der Militärdoktrin von zwischenstaatlichen, *symmetrischen* zu eher innerstaatlichen, *asymmetrischen* Formen der Kriegführung, das heißt, der Aufstandsbekämpfung. In Anbetracht der bewaffneten Revolten in Südostasien und Lateinamerika entwickelten die USA ein integrales Konzept von Krieg, das stark von psychologischen, medialen, entwicklungspolitischen und polizeilichen Aspekten geprägt ist. Während sich Militärs zuvor vor allem mit den klassischen Problemen *Terrain*, *Ressourcen* und *feindliche Armee* beschäftigt hatten, ging es nun um die Kontrolle der Bevölkerung. Man könnte das auch als eine Biopolitisierung des Krieges bezeichnen. Politik, Gesellschaft und das Leben selbst wurden zum Objekt militärischer Sicherheit.

Im Rahmen dieser asymmetrischen Kriegführung griffen US-Truppen verstärkt auf irreguläre, das heißt auch, terroristische Gewalthandlungen zurück. In Lateinamerika kann man das deutlich nachvollziehen. Die unter Präsident John F. Kennedy entwickelten Sicherheitskonzepte beinhalteten einerseits sozial- und entwicklungspolitische

Aspekte, das heißt, man bekämpfte die Armut, um aufständischen Gruppen ein Mobilisierungsthema zu nehmen. (Das weist im Übrigen große Parallelen zur europäischen »Aufbauhilfe« auf, wie sie heute beispielsweise in Afghanistan geleistet wird.) Gleichzeitig propagierte man die verdeckte Anwendung von Folter und den Aufbau von paramilitärischen Gruppen.

Diese Ausweitung des Kriegsbegriffs – mit sozial- und entwicklungspolitischen Maßnahmen, aber auch mit nackter Gewalt soll auf die Seelen und Köpfe, die *hearts and minds*, der Bevölkerung Einfluss genommen werden – kulminierte im vergangenen Jahrzehnt vor allem im Irak, in Afghanistan und in Kolumbien. Leider gibt es nicht die geringsten Anzeichen dafür, dass sich unter der demokratischen Regierung von Präsident Obama daran etwas geändert hat. Obama ernannte 2009 beispielsweise General Stanley A. McChrystal zum Oberkommandierenden in Afghanistan ernannt. Dieser General leitete zuvor eine Spezialeinheit namens *Joint Special Operations Command*. Dem Journalisten und Pulitzerpreisträger Seymour Hersh zufolge handelt es sich dabei um eine Einheit, die im direkten Auftrag von Präsident Bush gegen mutmaßliche Feinde der USA vorging. Auf Deutsch: Sie verübte politische Morde. Die Einsatzgebiete des Kommandos waren in der ganzen Welt verstreut. Wenn diese Angaben stimmen – und ein hochrangiger Sicherheitsberater der Bush-Administration hat Hershs Darstellung im Prinzip bestätigt; außerdem wissen wir alle von den Entführungsflügen der US-Geheimdienste, von Guantánamo und Abu Ghraib, der Autorisierung der Folter durch die Bush-Regierung usw. –, dann handelt es sich dabei um eine staatliche Todesschwadron, die das internationale, aber auch das US-amerikanische Recht völlig aushebelt.

Wir erleben also offensichtlich eine umfassende Entregelung staatlicher Gewalt. Und Präsident Obama hat während seiner Amtszeit genau dieses Fachwissen in den verschiedensten Konflikte noch stärker eingesetzt. Die globalen Einsätze zur Terrorbekämpfung – ein euphemistischer Begriff, weil diese Einsätze ja selbst oft auf terroristischen Mitteln beruhen – drohen zu zeitlich und räumlich entgrenzten Gewaltoperationen zu werden, bei denen verdeckter Mord, Entführung und Folter systematisch eingesetzt werden.

ELMAR ALTVATER Es ist beängstigend, in welchem Ausmaß die Prinzipien der Demokratie in diesen »neuen Kriegen« fallen gelassen und die Menschenrechte missachtet werden. Die Rechte der Völker, wie sie vor etwa 35 Jahren in der Charta von Algier festgehalten wurden, spielen keine Rolle mehr. Es droht eine neue Barbarisierung, wie der südafrikanische Schriftsteller J. M. Coetzee befürchtet, eine Entzivilisierung des Kapitalismus auf höchstem technologischen Niveau. Wenn wir die Entwicklung ausgehend von den dominanten Tendenzen prognostizieren sollten, käme eine tiefschwarze Utopie heraus.

RAUL ZELIK Energiemodell und Militärdoktrin sind eng miteinander verzahnt. Wir haben festgestellt, dass die neueren Sicherheitskonzepte des Westens als *econocentric*, als wirtschaftszentriert, bezeichnet werden können. Teile der Umweltbewegung haben vor diesem Hintergrund immer wieder argumentiert, dass eine andere Energieversorgung auch andere, weniger aggressive Sicherheitsmodelle nach sich zöge. Ist das wirklich so? Auch in einer Welt der Solardächer und Windkraftwerke könnten die Energienetze ja in den Händen weniger sein und autoritär kontrolliert werden. Erneuerbare Energien führen dann doch nicht zwangsläufig zu einer friedlicheren Welt.

ELMAR ALTVATER Darüber, wie eine dezentral mit Energie versorgte Gesellschaft aussähe, wage ich keine Prognose abzugeben. Aber wenn es andere Energieträger gäbe, dann hätten auch die bewaffneten Konflikte sicherlich einen anderen Charakter. Im vorfossilen Zeitalter waren die Kriege zwar auch schrecklich, aber sicherlich begrenzter, als es im Ölzeitalter der Fall ist. Dass wir im 20. Jahrhundert das erste Mal von Weltkriegen reden konnten und mussten, hatte ja auch damit zu tun, dass die Energieträger erstmals eine globale Ausweitung der Krieges erlaubten. Auch wenn Napoleons Eroberungszug die Schaffung eines Weltreichs zum Ziel hatte und sein Reich den Erdball umspannen sollte, gab es im 19. Jahrhundert noch objektive Schranken. Und erst recht gilt dies für die Eroberungszüge Alexanders oder Dschingis Khans. Das hat sich seit der Nutzung der fossilen (und nuklearen) Energieträger geändert.

Wie dies in einer nachfossilen Zeit aussehen wird, in der das technologische Know-how ja nicht verloren gegangen sein wird, wage ich nicht vorherzusagen. Nur eines kann man mit Sicherheit festhalten: Wenn denn, wie es die Internationale Energieagentur in einem Szenario prophezeit hat, tatsächlich weltweit über 1000 neue AKWs gebaut werden sollten, um den Bedarf an Elektrizität abzudecken, werden sich mit Sicherheit auch die Destruktivkräfte verstärkt der atomaren Energie bedienen. Dann würden der Atomkrieg, der Einsatz atomaren Materials bei Anschlägen usw. sehr viel wahrscheinlicher.

RAUL ZELIK Woran liegt es eigentlich, dass die Umstellung auf alternative Energien noch nicht massiver erfolgt?

Technisch scheint eine Versorgung mit erneuerbaren Energien ja durchaus möglich. Die Einführungskosten wären zwar hoch, aber bereits geringe Flächen in Nordafrika würden ausreichen, um den Weltbedarf an Energie zu decken. Die Umstellung mag schwierig sein, auf Dauer wird ein solches System aber weniger prekär sein als das auf fossilen Brennträgern beruhende Energiemodell. Warum verfolgen Regierungen und Unternehmen diesen Weg nicht entschlossener? Er würde doch auch ungeheure Wachstumsmärkte eröffnen.

ELMAR ALTVATER Es werden im Moment viele technische Möglichkeiten durchgespielt. Neben dem Modell von Solarkraftwerken in der Sahara – wie es mit dem Projekt *Desertec* eine zeitlang öffentlich propagiert worden ist – gibt es auch den Vorschlag, die Wellenenergie im Indischen Ozean zur Energiegewinnung zu nutzen. Mehrere Hundert Quadratkilometer dort würden ausreichen, um den globalen Elektroenergiebedarf zu decken. Aber hier ergibt sich das Problem, diese Energie vom Indischen Ozean als Nutzenergie in die USA oder nach Europa zu transportieren. Man könnte das mit Wasserstoff machen, und der Rohstoff Wasser steht beispielsweise im Kongobecken in großen Mengen zur Verfügung. Man könnte also das Kongobecken nutzen, um Wasserstoff herzustellen und diesen dann in die Verbrauchszentren in Europa und Nordamerika und anderswo verschiffen.

Das sind bislang alles Träume und zum Teil auch Albträume – weil sie als neue große technokratische Projekte daherkommen, die von transnationalen Energieversorgungsunternehmen, großen Banken und Fonds vorangetrieben werden. Was sich realisieren ließe, kann ich nicht beurteilen; ökonomisch wären die meisten Modelle bislang noch viel zu teuer. Das Modell Sahara erscheint manchen Umweltorganisationen insofern interessant, als es mit dezentraler und erneuerbarer Energie in Europa verkoppelt werden könnte. In einem intelligenten Energienetz könnte man die massive Nutzung der Sonnenenergie durch Fotovoltaik oder in Aufwind- und thermischen Kraftwerken in sonnenreichen Gebieten mit der dezentralen Energiegewinnung durch Wind, Biomasse, Solardächer usw. kombinieren. Ein solches Netz würde das Hauptmanko der erneuerbaren Energien auffangen: Was ist, wenn die Sonne an einem Ort nicht scheint? In einem kombinierten Netz stehen immer mehrere Energiequellen zur Verfügung. Wenn die Sonne hier nicht scheint, weht woanders der Wind. Zudem kann man Energie begrenzt auch speichern. Damit würde der große Nachteil gegenüber den fossilen Energieträgern, die zu jeder Tages- und Nachtzeit Energie zur Verfügung stellen, teilweise wettgemacht werden.

Allerdings haben diese Visionen einen großen Haken: Wenn wir nur darauf schauen, wie wir erneuerbare Energie in ein System einspeisen, das aus dem fossilen Zeitalter stammt, werden wir erneut heftige Konflikte provozieren. Denn die großtechnische Anzapfung von Sonnen- oder Wellenenergie in anderen Weltregionen ist Energieimperialismus und wird daher Widerstand hervorrufen. Möglicherweise wird die militärische Sicherung der Leitungs- und Transportsysteme der größte Kostenfaktor beim Betrieb des interkontinentalen Systems. Und dann ist da noch die »holländische Krankheit«, an der alle Energielieferanten leiden, der »Öl- und Rohstofffluch«: Eine weltmarktorientierte Monokultur – jetzt von thermischen Solarkraftwerken – entsteht, die Staatseinnahmen sind hauptsächlich davon abhängig, das heißt, auch von den Verträgen mit den Energiemultis, Korruption spielt eine zentrale Rolle, die Bevölkerung geht leer aus und alternative Entwicklungswege sind mehr und mehr verschlossen. Es ist nicht festzustellen, dass die begeisterte Community, die sich für solche »nachhaltigen« Projekte einsetzt, diese Gefahren auch nur ansatzweise erkennt.

Ich denke, dass man aus diesem Grund nicht nur über *Energieproduktion* sprechen darf, sondern vor allem auch über die *Energienutzung* nachdenken muss. Bestimmte Nutzungsformen sollten aufgegeben werden. Es geht nicht nur um Effizienz, sondern auch um Suffizienz. An dieser Stelle wird die Angelegenheit allerdings komplizierter, sprich: politischer, weil wir dann nicht mehr nur über Technik, sondern auch über Verbrauchsarten und den allgemeinen Lebenszuschnitt reden. So wie wir heute leben, leben wir, weil wir das Auto haben. Das Auto hat es aber nicht immer gegeben. Ähnlich wäre das auch mit einem dezentral organisierten, auf erneuerbaren Energien beruhenden Modell. Wenn es sich durchsetzte, würde sich unser Leben verändern. Wie, wissen wir nicht – es muss nicht zum Schlechteren sein. Aber der Energiekonsum wird insgesamt niedriger sein müssen. Wie sich das Leben von mehreren Milliarden Menschen verändert, hängt letztlich allerdings weniger von der Technik als von eben diesen Menschen ab.

RAUL ZELIK Bevor wir zum dritten Teil unseres Gespräches kommen, würde ich gern noch über das Verhältnis von Ökologie und sozialen Positionen reden. In Deutschland sind diese Bereiche weitgehend getrennt. Bei den Grünen, aber auch den Gewerkschaften hat man oft den Eindruck, dass das geradezu als Gegensatz verstanden wird. Ökologie ist ein Anliegen jener neuen Mittelschichten, die es sich leisten können. Wir haben schon mehrfach festgestellt, dass die ökologische und die soziale Krise miteinander verschränkt sind. Der US-Soziologe Mike Davis hat das für das 19. und frühe 20. Jahrhundert sehr anschaulich nachgezeichnet. In *Die Geburt der Dritten Welt* zeigt er, dass heftige Klimaschwankungen wie Dürre und Überschwemmungen in Asien und Lateinamerika erst in Verbindung mit dem Kolonialismus zu verheerenden Hungersnöten führten. Davis zufolge ist die globale Armutskrise Ergebnis dieser Verschränkung von Naturverhältnissen und einem sozialpolitischen Regime. Davor gab es selbstverständlich auch Armut und Mangel. Aber die besonderen Formen des Massenelends seien, so Davis, erst in dieser Verbindung entstanden. Ökologie und soziale Frage lassen sich demzufolge gar nicht getrennt verhandeln.

ELMAR ALTVATER Mir fällt Friedrich Engels ein, der sich in seinem 1844 veröffentlichten Text zur *Lage der arbeitenden Klasse in England* mit den ökologischen Aspekten des Elends beschäftigte. Die Lage der Arbeiterklasse ist bei ihm nicht nur von niedrigen Löhnen, überlangen Arbeitszeiten und Kinderarbeit, sondern auch von verpesteter Luft und verdreckten Gewässern gekennzeichnet. Die Menschen vegetieren, ruinieren ihre Gesundheit, ihre Lebenszeit ist beträchtlich verkürzt. Die Umwelt, die Natur, wirkt also negativ auf ihre Bewohner zurück.

In diesem Zusammenhang entwickelte Marx den Begriff des »gesellschaftlichen Naturverhältnisses«, den ich sehr sinnvoll finde. Er drückt aus, dass die Natur durch die Art und Weise, wie wir leben und produzieren, beeinflusst und beeinträchtigt, zum Teil auch zerstört wird. Wir haben es mit einer dynamischen Beziehung zu tun:

Der Mensch transformiert seine Umwelt, er muss daher auch sein Verhalten gegenüber dieser Umwelt transformieren. Er ist nicht nur ein Getriebener, er treibt auch selbst. Er ist zumindest potenziell in der Lage, dieses Verhältnis einigermaßen bewusst zu gestalten.

Das große Problem an den »gesellschaftlichen Naturverhältnissen« ist, dass es sich dabei auch um Klassenverhältnisse handelt. Das ist der Ansatzpunkt von Mike Davis. Mit temporären Naturkatastrophen hatten die Menschen über die Jahrhunderte gelernt umzugehen. Als aber ein ökonomisch-soziales Regime, der Kolonialismus oder Imperialismus, seine Logik dem Umgang der Menschen innerhalb des gesellschaftlichen Naturverhältnisses aufdrängte, ging alles kaputt. Dafür findet man auch sehr viele und überzeugende Beispiele in dem Buch des Neuseeländers Alfred Crosby über *ecological imperialism*, das auf Deutsch unter dem irreführenden Titel *Die Früchte des weißen Mannes* erschienen ist.

Der Umgang mit der Natur ist also auch eine Frage von Arm und Reich. Die einen haben ein Interesse, die Natur zu schützen, weil sie direkt von ihr abhängig sind. Andere hingegen profitieren davon, Ressourcen auszubeuten und Natur zu zerstören. Genau das hat im Europa des 19. und in Phasen des 20. Jahrhunderts stattgefunden, genau das können wir heute in der Dritten Welt beobachten. Die massive Abholzung des Regenwalds in Indonesien erfolgt aus Profitmotiven. Man verkauft das Tropenholz, verwandelt das gerodete Land in Rinderweiden für den Fleischexport, legt riesige Palmenplantagen an, um Biosprit für den Straßenverkehr der Industriestaaten zu gewinnen. Damit zerstört man, zumindest längerfristig, die Lebensgrundlagen von Millionen Menschen.

Diese Vorgehensweise hat sich seit dem frühen 19. Jahrhundert überhaupt nicht verändert. Nur haben wir heute Regeln und internationale Abkommen, mit denen man versucht, diese Entwicklung zu begrenzen. Und wir haben soziale Bewegungen, die ein Bewusstsein von den Zerstörungen geschaffen haben. Wenn man heute mehr über Umweltzerstörung spricht, hat das aber auch einfach damit zu tun, dass die Rückzugsräume immer kleiner werden. Die Zerstörung ist so groß geworden, dass man ihr nicht mehr entkommen kann.

RAUL ZELIK Sie sagen, Naturzerstörung erfolgt aus Profitinteressen. In den Ländern des Südens sieht man allerdings sehr deutlich, dass gerade auch die Besitzlosen Raubbau betreiben. Von der Umweltzerstörung sozialistischer Staaten einmal ganz zu schweigen. Offensichtlich ist die Naturzerstörung also auch stark an ein Zivilisationsmodell gekoppelt. Man könnte das auch so formulieren: Wohlhabende können es sich eher leisten, auf die Umwelt Rücksicht zu nehmen. Der ums Überleben kämpfende Goldsucher in den Regenwäldern Lateinamerikas hat weder Mittel noch Zeit, sich um Abwasseranlagen kümmern.

ELMAR ALTVATER Ich will nicht in Abrede stellen, dass es sich auch um ein Zivilisationsproblem handelt. Man muss aber eines relativieren: Sehr häufig liest man, die Zerstörung von Regenwäldern sei Folge der Armut. Viele UN-Institutionen oder auch die Grünen argumentieren so. Ich würde jedoch behaupten, dass die Zerstörung der Regenwälder weniger mit Armut als mit Reichtum zu tun hat. Oder besser ausgedrückt: Sie hat mit dem Gegensatz von Armut und Reichtum zu tun. Bleiben wir beim Beispiel Regenwald: Die Wälder werden abgeholzt, weil sich die Bevölkerung der Industriestaaten einen massiven Fleischkonsum leisten kann. Dafür sind größere Weideflächen nötig. Was also liegt näher, als Naturland zu erschließen? Zudem wird Land aufgrund von Reichtum auch zunehmend zum Spekulationsobjekt. Finanzkapital sucht nach Anlageformen. Zur Spekulation ist Land aber nur geeignet, wenn es sich verwerten, ökonomisch nutzen lässt. Mit einem »jungfräulichen« Urwald werde ich keine Spekulation betreiben können, solange ich ihn nicht in Wert setzen darf. Das liegt daran, dass Reichtum, zumal dann, wenn er in Form liquider Fonds verfügbar ist, nach Inwertsetzung verlangt, also nach Zugang zu bislang noch nicht in die Welt der Werte eingegangenem Boden. Dazu müssen Eigentumsrechte her, und dann kann die Verwertung beginnen. Diese läuft immer auch auf eine natürliche Degradation hinaus.

Es ist richtig, dass die Armut oft keine andere Wahl lässt, als den Prozess der Inwertsetzung voranzutreiben. Die Armen müssen Urwald roden, weil sie nichts besitzen und deshalb Naturland erschließen müssen. Aber hier handelt es sich um die Kehrseite eines Verhältnisses – des Gegensatzes von Reichtum und Armut.

Dieser Aspekt ist nicht nur als analytische Erklärung wichtig, sondern auch unverzichtbar, wenn wir politische Lösungen diskutieren. Er verweist darauf, dass Armutsbekämpfung nicht ausreicht, um die ökologische Zerstörung zu stoppen. Wir müssen auch den gesellschaftlichen Gegensatz, wir müssen den Reichtum bekämpfen.

Was die Hoffnung anbelangt, dass es infolge wachsenden Wohlstands zu einem schonenderen Umgang mit der Umwelt kommen könnte, so scheint mir Skepsis angebracht. Die sogenannte *Environmental Kuznets Curve* besagt, dass der Umweltverbrauch mit dem Wachstum steigt, dann aber ab einem bestimmten Punkt rückläufig ist. Dies stimmt vielleicht für die »schmutzigen Emissionen«, den Dreck vor der Haustür, die Wasserverschmutzung, das stinkende Schwefeldioxid in der Luft. Es gilt aber nicht für die »sauberen Emissionen«, insbesondere nicht für den CO_2-Ausstoß, weil mit dem Wohlstand die Mobilitätsansprüche, der Raumbedarf usw. steigen.

RAUL ZELIK Das klingt, als plädierten Sie für einen Abschied von der Wohlstandsgesellschaft. Unser Anspruch zu Beginn des Gesprächs lautete aber nicht: bestmögliche Verteilung des Mangels, sondern: her mit dem schönen Leben! Die heute vorherrschenden Konsummuster sind sicherlich absurd und haben mit Lebensqualität oft wenig zu tun. Doch auch die neue Bescheidenheit, die in ökologischen Diskursen bisweilen anklingt, erscheint mir fehl am Platz.

Der gescheiterte Sozialismus

RAUL ZELIK Kommen wir, ehe wir uns über konkrete Utopien unterhalten, auf das Scheitern von Utopien zu sprechen: Reden wir über den Sozialismus, so wie er im 20. Jahrhundert in großen Teilen der Welt existierte.

Man könnte jetzt einwenden, dass uns das nicht weiter zu interessieren brauche, weil der Staatssozialismus Geschichte ist oder nur noch als Farce existiert. Aber ich denke, wenn man von einer Kritik der bestehenden Verhältnisse zu etwas Neuem vordringen will, muss man auch erklären können, warum der große historische Gegenentwurf im »kurzen 20. Jahrhundert«, wie der britische Historiker Eric Hobsbawm die Zeit von 1917 bis 1989 genannt hat, so dramatisch scheiterte.

Denn daran besteht kein Zweifel: Der Sozialismus, so wie er real existierte, hatte mit Befreiung wenig zu tun. Die staatssozialistischen Gesellschaften waren nicht bedürfnisorientierter organisiert als kapitalistische. Es gab keine Befreiung von sinnentleerter Arbeit. Mit beschränkten Ressourcen wurde ineffizient umgegangen. Die Umweltzerstörung war noch fataler als im Kapitalismus. Und zu allem Überfluss war dieses System auch noch autoritärer als die bürgerlichen Gesellschaften zumindest der Industriestaaten.

Wir könnten sicherlich leicht begründen, warum Staaten wie die DDR überhaupt nicht sozialistisch waren. Der Definition nach wäre Sozialismus nämlich die gesellschaftliche Verständigung darüber, wie man arbeitet und produziert. In der Sowjetunion und den Ostblockländern hatte die Bevölkerung in dieser Hinsicht nicht viel zu sagen.

Die viel schwierigere und wichtigere Frage lautet nun aber, warum von sozialistischen Bewegungen Gesellschaften geschaffen wurden, die nichts mehr mit dem ursprünglichen emanzipatorischen Anspruch gemein hatten.

ELMAR ALTVATER Eine schwierige Frage. Mir fällt da eine Anekdote ein, die der Ostberliner Wirtschaftshistoriker Jürgen Kuczynski einmal erzählte. 1989 diskutierte ich nach dem Fall der Mauer häufiger mit Kuczynski. Als historisch bewusster Kopf verwies er auf ein Treffen der chinesischen Akademie der Wissenschaften im Jahr 1920 oder 1921, die sich die Frage gestellt hatte, wie es zur Französischen Revolution von 1789 und zum Terrorregime Robespierres gekommen war. Nach mehreren Sitzungen formulierte die chinesische Akademie die Schlussfolgerung, dass zwischen 1789 und 1920 zu wenig Zeit verstrichen sei, um sich ein Urteil erlauben zu können. Vielleicht stimmt das auch in Bezug auf den untergegangenen Sozialismus. Zu wenig Wasser ist seit 1989 die Spree, den Rhein oder die Moskwa heruntergeflossen.

Man könnte natürlich ganz traditionell antworten. Marx, Engels und andere Sozialisten gingen immer davon aus, dass die Revolution in einem entwickelten Land beginnt und sich dann in andere Länder ausbreitet. Trotzki verwendete vor 1917 folgendes Bild: Das Feuer des Umsturzes wird zwar in Moskau und Petersburg entfacht, aber richtig entfalten kann es sich erst in London, New York und Berlin. Die Veränderung sollte am schwächsten Glied der Kette ihren Ausgang nehmen. Warum sollte nun Russland dieses schwächste Glied sein? Weil dort die Herrschenden nicht mehr konnten, wie sie wollten, und die Beherrschten nicht mehr wollten, wie sie sollten. So könnte man das vereinfacht ausdrücken.

Wie wir wissen, ist es aber nicht zur erwarteten Ausbreitung der Revolution gekommen. Die Revolution blieb auf Russland beschränkt. Nach dem Bürgerkrieg und der Neuen Ökonomischen Politik – einer Phase, in der sich der Markt entfalten konnte und die sozialen Widersprüche wieder zunahmen – schienen die alten Klassenverhältnisse wieder neu hergestellt zu sein. Vor allem die Mittelbauern, die sogenannten Kulaken, hatten von der NEP, der Neuen Ökonomischen Politik, profitiert. Stalin reagierte darauf, indem er die Kulaken ab 1928 als Klasse eliminieren, und das bedeutete: viele von ihnen umbringen ließ. Dieser offene Terror hat sich dann weiter fortgesetzt – mit den Säuberungen, der massenhaften Zwangsarbeit, der allgemeinen Unterdrückung, also all den bekannten Phänomenen der 1930er Jahre. Und dieses fürchterliche Drama wurde durch den Zweiten Weltkrieg noch verschärft.

Die russische Revolution brachte also keine wirklich neue Gesellschaft hervor. Ich wage nicht zu beurteilen, ob die neue Gesellschaft in Russland vielleicht auch *objektiv* unmöglich war, weil es sich um ein unterentwickeltes, vom Despotismus gezeichnetes Land handelte. Rudi Dutschke begründete das Scheitern des Sozialismus in Russland ja mit den »asiatischen« Verhältnissen, die ein Etikett für Unterentwicklung sind. Auf jeden Fall ist es nicht zu einer gesellschaftlichen Emanzipationsbewegung gekommen.

Dennoch gab es in der frühen Sowjetunion interessante Auseinandersetzungen. In der Diskussion um die sogenannte »ursprüngliche sozialistische Akkumulation« wurden strategische Fragen aufgeworfen – nämlich, ob man in einem Land wie Russland nicht erst eine landwirtschaftliche Grundlage schaffen müsse, wie es der kommunistische Theoretiker Nikolai Bucharin forderte. Auf der sich entwickelnden, weil politisch geförderten landwirtschaftlichen Basis hätte dann nach und nach eine Industrialisierung stattfinden können. Das von Stalin favorisierte Konzept lief hingegen darauf hinaus, die industrielle Entwicklung mit allen Mitteln voranzutreiben. Die beschleunigte industrielle Akkumulation seit den frühen 1930er Jahren war nur möglich, weil das in der Landwirtschaft produzierte Surplus in die Industrie umgeleitet wurde. Die theoretische Begründung dafür lieferte Jewgeni Preobraschenski, eine schillernde und zugleich tragische Figur. Er gehörte zum eher linkssozialistischen Flügel in der KPdSU, aus der er vorübergehend ausgeschlossen wurde, schrieb aber zusammen mit Nikolai Bucharin, der zu einer ganz anderen Strömung gehörte, das *ABC des Kommunismus* – eine Schrift, die dann 1968 erneut breit rezipiert wurde. Preobraschenski, und das ist das Tragische, wurde im Zuge der Stalin'schen Säuberungen 1937 erschossen.

Dass eine massive Abschöpfung des landwirtschaftlichen Mehrprodukts nur mit autoritären Mitteln und fürchterlicher Gewalt geht, liegt eigentlich auf der Hand. Eine längerfristig angelegte Entwicklung hätte sicherlich anders ausgesehen. Andererseits stellt sich aber auch die historische Frage, ob die Sowjetunion ohne diese Gewaltindustrialisierung in der Lage gewesen wäre, Nazi-Deutschland im Zweiten Weltkrieg zu besiegen. Möglicherweise hätte sich dann etwas noch Schrecklicheres in Europa durchgesetzt.

Tatsache ist, dass Stalin diese Fragen mit dem Schwert entschied: Es wurde mit aller Kraft industrialisiert, und die Schwer- und Industriegüterproduktion wurde gegenüber der Konsumgüterproduktion bevorzugt – was zu einer permanenten Situation des Mangels an notwendigen Konsumgütern führte. Es etablierte sich ein System, das später auch als »halber Fordismus« bezeichnet wurde. Zum Fordismus, wie er in den 1920er Jahren in den USA entstand, gehört neben der Massenproduktion ja auch immer der Massenkonsum. Die Fabrikfertigung von Automobilen und anderen Waren ging mit einer allgemeinen Wohlstandssteigerung einher. In der Sowjetunion war das nicht der Fall. Der Konsum wurde in der Planwirtschaft zweitrangig behandelt. Insofern handelte es sich eben nur um einen »halben« Fordismus: massenhafte Fertigung von Industrieprodukten – ohne Massenkonsum. Und das war am Ende ja auch ein zentraler Grund dafür, dass das System seine Legitimität einbüßte.

Zunächst jedoch scheiterte dieses System ganz und gar nicht. Die Konzentration auf die Schwerindustrie ermöglichte in den 1930er Jahren enorm hohe Wachstumsraten – darüber haben wir bereits gesprochen. Und auch im Krieg war die Sowjetunion erfolgreich. Der Krieg bestand ja nicht nur aus einem fürchterlichen Gemetzel. Er wurde auch in Form von Materialschlachten ausgetragen. Hier bewies sich die Fähigkeit eines Systems, die Rüstungsproduktion planwirtschaftlich zu organisieren. Die Sowjetunion gewann den Krieg, und die westlichen Sieger mussten akzeptieren, dass auf dieser Grundlage 1945 das »sozialistische Lager« entstand.

RAUL ZELIK Zu diesem Lager gehörten dann aber nicht jene Länder, in denen die Bevölkerungsmehrheit den Sozialismus befürwortete, wie das am Ende des Zweiten Weltkriegs in Italien, Griechenland oder Frankreich der Fall war. »Sozialistisch« wurden die Staaten, die die Sowjetunion als Sicherheitskordon beanspruchte. Das Gesellschaftsmodell wurde der Bevölkerung in diesen Staaten aus geostrategischen Gründen aufgeherrscht. Auch hier war der Autoritarismus zwangsläufig.

ELMAR ALTVATER Richtig, das gesellschaftliche Modell wurde nach 1945 exportiert, wobei die Tschechoslowakei, wo die Kommunistische Partei 1948 bei freien Wahlen die Mehrheit errang, eine Ausnahme darstellte. Die Länder Osteuropas übernahmen das sowjetische Konzept von zentraler Planung und »halbem Fordismus«. Das war kein Modell der gesellschaftlichen Beteiligung, der gemeinschaftlichen demokratischen Verfügung über Leben und Ökonomie, des schonenden Umgangs mit der Natur.

Das realsozialistische System konnte mit dem Kapitalismus nicht mithalten, weil es nicht alle seine Funktionsbedingungen etablierte. Nachdem die erste »extensive« Wachstumsperiode vorüber war, kam es deshalb zur Krise. Die Erweiterung der Schwerindustrie, die Elektrifizierung – solche Dinge lassen sich gut planen. Man muss nur größere Mengen an Ressourcen und Arbeitskräften zur Verfügung stellen. Doch als diese erste Phase vorüber war, zeigte sich in den 1960er Jahren eine strukturelle Unterlegenheit. Man begann in Osteuropa und zum Teil auch in der Sowjetunion über die Effizienz des ökonomischen Systems zu diskutieren. Man überlegte, ob man nicht mehr Marktmechanismen einsetzen sollte, da man doch auf dem Weg zum Sozialismus offensichtlich sowieso Zwischenstadien durchlaufen müsse. Diese Debatte wurde in der Sowjetunion 1962 vom Ökonomen Liberman begonnen, aber auch in der DDR (Protagonisten waren schon Ende der 1950er Jahre Fritz

Behrens und Arne Benary), der ČSSR, Ungarn oder Polen geführt. Die Wortführer dieser Reformdebatten wurden teilweise scharf kritisiert.

Damit will ich Folgendes sagen: Das sozialistische Lager war sehr viel weniger ein homogener Block als gemeinhin unterstellt wird. Es gab Debatten, die meist aber nur halb öffentlich geführt werden konnten. Die Auseinandersetzungen mündeten schließlich 1968 in der Tschechoslowakei in den Prager Frühling, wo der demokratische Sozialismus nicht nur gedacht, sondern praktisch auch eingeleitet wurde. Man hatte dort bereits mit grundlegenden Veränderungen von Politik und Wirtschaft begonnen – und dabei handelte es sich nicht einfach um Annäherungen an den Westen. Hier ging es tatsächlich um eine radikale Demokratisierung und Neuausrichtung der sozialistischen Gesellschaft. Man ging sehr systematisch vor. In Prag wurden Kommissionen gebildet, die sich unter Ota Šik mit der Reform der Ökonomie, unter Radovan Richta mit den Folgen des technischen Wandels, unter Zdeněk Mlynář mit den rechtlichen und institutionellen Bedingungen einer Reform der Politik beschäftigten und breit diskutierte Vorschläge machten. Und viele der damals entwickelten Konzepte wären auch umsetzbar gewesen, wenn es eben nicht zur militärischen Invasion gekommen wäre. Ab da, mit dem Beginn der Breschnew-Eiszeit, war eigentlich klar, dass dieses Modell eines partei- und staatszentrierten Sozialismus nicht mehr zu retten sein würde.

Wenn man die von Ihnen aufgeworfene Frage zum Sozialismus, der keiner war, ernsthaft beantworten wollte, müsste man also die fast hundertjährige Entwicklung seit der russischen Revolution noch einmal im Detail nachzeichnen. Dabei könnte man Bruchpunkte aufzeigen, an denen eine alternative Entwicklung möglich gewesen wäre und strategische Debatten geführt wurden. Ohne diesen Geschichtsrückblick hat man heute, 20 Jahre nach dem Ende dieses Sozialismus, den Eindruck, es habe sich um ein homogenes System und eine einzige gescheiterte Idee gehandelt. Aus dieser Perspektive ist der Zusammenbruch des Sozialismus ein Menetekel aller derjenigen, die heute über Alternativen zum Kapitalismus sprechen. Doch diese Geschichtsschreibung, die die inneren Widersprüche und Konflikte in den sozialistischen Ländern ignoriert, hat selbst etwas Fetischistisches. Sie unterstellt, dass hier einfach nur Sachzwänge am Werk waren, die schließlich zum »Sieg« des kapitalistischen Westens führten.

RAUL ZELIK Fest scheint mir zu stehen, dass bestimmte Spielarten, bestimmte autoritäre Konzepte gescheitert sind. Die klassische Linke glaubte, eine historische Mission erfüllen zu müssen. Sie meinte, objektive Notwendigkeiten erkennen zu können und die Bevölkerung auf der Grundlage dieser Objektivität zu einem Modell führen zu müssen.

Dieses Avantgarde- und Kontrollverständnis war auch mitverantwortlich für die ökonomische Unterlegenheit. Sie haben erwähnt, dass es den sozialistischen Gesellschaften nicht gelang, von einem *extensiven* zu einem *intensiven*, also komplexeren Wirtschaften überzugehen. Man kann das wohl auch damit erklären, dass es keine Praktiken des Transformismus gab.

Im Kapitalismus setzen sich Änderungen in Arbeitsprozessen und Technikanwendung in der Regel krisenhaft durch. Widerstand und Dissidenz spielen dabei eine wichtige Rolle: Leute verweigern sich einer Arbeitsorganisation, sie wollen nicht mehr in einer Großfabrik am Band stehen oder einen Angestelltenalltag leben, sie streiken, erkämpfen deutlich höhere Löhne, desertieren. Und zumindest die westlichen Industriestaaten waren in den 1970er Jahren in der Lage, diese Dissidenz teilweise zuzulassen.

Das hat wohl auch damit zu tun, dass Herrschaft in einer Marktgesellschaft subjektloser daherkommt. Es muss hier keinen politischen Zwang geben, um Verweigerer zurück ins System zu holen. Solche Prozesse können sich beiläufiger vollziehen. Die Notwendigkeit, sich das Überleben verdienen zu müssen, bringt die Ausreißer »wie von selbst« zurück. Unter den Verweigerern gibt es Leute, die Musik machen, mit Computern herumbasteln, mit Grafik experimentieren, eine neue Partei gründen möchten, Mode entwerfen. Sie müssen Geld verdienen, nutzen ihre Interessen und werden zu Kleinunternehmern. Sie gründen Garagenfirmen – oder eben eine neue Partei – und liefern mit ihren Ideen wichtige Impulse für die Umgestaltung der Gesellschaft – und das heißt auch, von Arbeit und Ökonomie.

Die »sozialistischen« Staaten waren zu autoritär und zentralistisch, um solche Dissidenz produktiv nutzen zu können. Und genau deswegen haben sie sich nicht erneuert.

ELMAR ALTVATER Ich stimme damit überein. Das ist eine überzeugende Erklärung für das Scheitern des Realsozialismus. Man könnte es auch so zuspitzen: Der Kapitalismus hat überlebt, weil er ein 1968 hatte. Der Sozialismus hingegen prügelte 1968 in Prag jene Alternativen nieder, die ihn hätten erneuern, aus der Sackgasse des »halben Fordismus« hätten herausleiten können.

Die Veränderung des Westens ist interessant. Man hat die Revolte hier transformistisch integriert, ihren Impuls genutzt, um das System zu modernisieren. Die Frauenbewegung brachte eine neue Kultur in das Alltagsleben, auch in die Unternehmen. Die Jugendbewegung, deren Protagonisten heute alles Greise sind, erzeugte neue Märkte, die sofort von findigen Unternehmern bedient wurden.

Das alles darf man sich aber nicht konfliktfrei vorstellen. Auch im Westen wurden die 68er heftig bekämpft. Für das politische System und den Lebenszuschnitt der Älteren stellte die Revolte eine große, erschütternde Herausforderung dar. Die Integration war nicht freiwillig, sie ergab sich in Konflikten.

RAUL ZELIK Und als es dann 1989 auch im sozialistischen Lager einen allgemeinen Aufbruch gab, hatte dort niemand mehr ernsthaftes Interesse daran, das System zu verteidigen. Die Mehrheit der Staats- und Parteibürokratie war sozusagen »übergelaufen«. Die Bevölkerung wollte keine Experimente mehr.

ELMAR ALTVATER 1989 war eben nicht mehr 1968. Dadurch dass der westliche Kapitalismus vieles von der Revolte aufgriff, gewann er an Attraktivität. Der Sozialismus hingegen büßte 1968 die Attraktivität ein, die er zuvor bei vielen, nicht bei allen Kritikern des kapitalistischen Systems noch gehabt hatte. Es gab danach nur mehr wenige, die den Sozialismus transformistisch verändern wollten. Und so setzte sich das Motto durch: *There is no alternative*. Markt und formale Demokratie, wie es sie im Westen gab, schienen das einzig denkbare Modell. Fukuyamas »Ende der Geschichte« war dann fast zwangsläufig.

Allerdings hat auch dieses Ende mittlerweile sein Ende gefunden.

RAUL ZELIK Sie haben vom Scheitern des »halben Fordismus« gesprochen. Aber nicht alle staatssozialistischen Staaten haben diesen Entwicklungsweg eingeschlagen. In China bemühte man sich vor allem in den 1960er und 1970er Jahren darum, eigene Entwicklungsziele zu definieren. Man formulierte politische Prämissen. Ziel war nicht die möglichst zügige Industrialisierung, sondern eine politische Umgestaltung der Gesellschaft.

Auch dieser Weg erwies sich als verhängnisvoll. In mancher Hinsicht war er sogar noch dramatischer als die Erfahrung der Sowjetunion. Das maoistische China wollte beweisen, dass eine nachholende Industrialisierung nicht nötig ist, dass auch eine Agrargesellschaft kommunistisch werden kann. Das trieb die absurdesten Blüten: Weil man sah, dass die Entwicklung von Schwerindustrie und Großfabriken ähnliche Sozialstrukturen wie im Westen nach sich zog, versuchte man Dorfgemeinschaften zum Ausgangspunkt der neuen Gesellschaft zu machen. Man erprobte dezentrale Industrien und wollte zeigen, dass man »auch in Hinterhöfen Stahl kochen« kann – so lautete eine populäre Parole während des »Großen Sprungs nach vorn« zwischen 1958 und 1962. Das funktionierte natürlich überhaupt nicht. In den handwerklichen Öfen konnte man die für die Stahlproduktion notwendige Temperatur überhaupt nicht erreichen. Da der Maoismus gleichzeitig das Motto ausgegeben hatte, dass man mit dem »richtigen Bewusstsein« alle Probleme lösen könne, schmolz man dann einfach Kochgeschirr ein, um positive Resultate vorweisen zu können. Auch in der Landwirtschaft gab es solche »Beweise«: Sie führten Anfang der 1960er Jahre zu fürchterlichen Hungersnöten.

Noch widerlicher war die Herrschaft der Roten Khmer in Kambodscha: Überzeugt davon, die Gesellschaft mit dem richtigen Bewusstsein radikal umwälzen zu können, führten die Roten Khmer eine Zwangsumsiedlung der gesamten Stadtbevölkerung durch und trieben die urbanen oder intellektuellen Anteile der Bevölkerung in einer Art Exorzismus aus. Der neue Mensch sollte Kommunebauer sein. Dementsprechend war jeder Brillenträger ein verdächtiges Element. Dieser Kollektivwahn erinnert ein wenig an die Berichte über das Täuferreich von Münster, 1534/35, das ja auch durch eine Diktatur des Radikalismus charakterisiert gewesen zu sein scheint und dessen Entwicklung vom italienischen Schriftstellerkollektiv Luther Blissett im Roman Q sehr plausibel nachgezeichnet worden ist.

Ich will damit sagen: Es scheint mir richtig, alternative Entwicklungsziele zu definieren, die sich von denen im Kapitalismus grundlegend unterscheiden. Aber solche Ziele müssen etwas mit der realen, stofflichen Welt zu tun haben. Das Primat der Ideen und der Politik hat seine Grenzen. Ab einem bestimmten Punkt schlägt die Suche nach »dem anderen« in Fanatismus um. Verglichen mit dem voluntaristischen Wahn des chinesischen Maoismus hatte der fantasielose, leicht senile Verwaltungspragmatismus der DDR schon fast wieder etwas Sympathisches.

ELMAR ALTVATER Es ist richtig, dass man in China keine fordistische Entwicklungsbahn einschlug und deshalb auch nicht mit den Problemen des »halben Fordismus« konfrontiert war.

Vielleicht darf ich zu diesem Begriff noch etwas sagen: Er stammt aus der Regulationsschule – wenn ich mich nicht täusche, vom französischen Ökonomen Alain Lipietz –, und diese Schule hat immer großen Wert darauf gelegt, die gesellschaftliche Kompatibilität, Kohärenz und Kohäsion verschiedener Elemente zu untersuchen. Das heißt, Produktionsformen, Verteilungsmodelle, Konsum und Lebensweisen etc. müssen kompatibel und kommensurabel sein, zueinander passen, in Bezug gesetzt werden können. Nur wenn dies in einer stimmigen Form geschieht, kann ein System erfolgreich sein. Das war im westlichen Fordismus der Fall, im sowjetischen »halben Fordismus« nicht.

China hat sich nun auf diese Entwicklung nie eingelassen, sondern versucht, der Landwirtschaft im Verhältnis zur Industrie eine wichtigere Rolle einzuräumen. Das war in der frühen Sowjetunion von einigen Theoretikern wie Nikolai Bucharin auch vertreten worden. Bucharin wollte, wie bereits erwähnt, die Industrialisierung aus dem landwirtschaftlich produzierten Surplus »finanzieren«, das heißt, einen Transfer von Ressourcen und Arbeitskräften organisieren – dies allerdings in einem langfristig angelegten Prozess. In China hat man etwas Vergleichbares gemacht. Die Massenabwanderung von Arbeitskräften vom Land in die Stadt, die in China heute so große Probleme verursacht, sollte beispielsweise nur in kontrolliertem Maß geschehen.

Die Entwicklung in China war teilweise sehr problematisch. Über die Jahrzehnte gesehen war sie in mancher Hinsicht aber auch erfolgreich. Sie hat dem Land eine wirtschaftliche Autonomie ermöglicht, soziale Konflikte beruhigt, politisch das Ansehen nach innen und außen verbessert. Die Industrialisierung der Sowjetunion und der anderen Warschauer-Pakt-Staaten war weniger *home grown* als in China; sie beruhte weniger auf im Land selbst produzierten oder vorhandenen Ressourcen. Das bedeutet, dass die Ostblockstaaten importieren, sich gegenüber dem Weltmarkt öffnen mussten. Der Weltmarkt jedoch war und ist ein kapitalistischer, und deshalb öffnete man sich auch gegenüber dem Kapitalismus. Vor allem in den 1980er Jahren verloren die realsozialistischen Länder damit ihre wirtschaftspolitische Autonomie – mit den bekannten Ergebnissen. Zuerst brachen die Plansysteme zusammen, dann die Produktionsbetriebe, weil die Arbeiter revoltierten, schließlich fielen die politischen Herrschaftsapparate in sich zusammen. Gewaltlos, ohne organisierte Gegenwehr, in einer »samtenen Revolution«.

Auch China hat sich gegenüber dem Weltmarkt geöffnet, in den letzten Jahren sogar auf extreme Weise. Aber dies geschah sehr kontrolliert. Vor allem vermied es China, wie während der asiatischen Finanzkrise der 1990er Jahre deutlich wurde, in die Schuldenfalle zu tappen. Ein Motiv Chinas, heute extrem hohe Devisenreserven zu halten, ergibt sich aus den Erfahrungen der asiatischen Finanzkrise: Um eine durch Spekulation erzwungene Währungsabwertung zu verhindern, muss die Zentralbank über hohe Bestände von auf den globalen Devisenmärkten schlagkräftigen Währungsreserven, also über eine »Kriegskasse« verfügen, die mit US-Dollars prall gefüllt ist.

RAUL ZELIK Der Hinweis auf die Schuldenkrise erscheint mir sehr wichtig. Die sozialistischen Staaten in Osteuropa wurden ja – ganz ähnlich wie die lateinamerikanischen Länder – in den 1980er-Jahren von Auslandsschulden und IWF-Politik zerrüttet. Polen, Jugoslawien und Rumänien etwa waren kaum weniger vom Internationalen Währungsfonds abhängig als etwa Argentinien oder Mexiko. Die Krise in Polen, der Widerstand der Solidarność-Arbeiter gegen das Regime, hat also mehr mit den Anti-IWF-Revolten in Lateinamerika und Nordafrika gemeinsam, als man denkt: Auch in Polen verfolgte die Regierung aufgrund der Auslandsschulden eine rigide Sparpolitik und löste dadurch Versorgungsengpässe aus.

Sie sagen, China habe diesen Fehler nicht begangen und zumindest eine eigenständige Entwicklung verfolgt. Trotzdem war auch das ein monströses Konzept …

ELMAR ALTVATER … sicher …

RAUL ZELIK … angefangen vom kollektiven Wahnsinn der Kulturrevolution, als alles politisch umgekrempelt werden sollte, bis zum Exportkapitalismus heute. Die dynamischsten Zentren Chinas gleichen heute gigantischen Weltmarktfabriken, mit allem, was dazu gehört: extreme Ausbeutung von Arbeitskräften, fürchterliche Umweltzerstörung, Vertreibung städtischer Bevölkerung und massenhafte Umsiedlung der Bevölkerung vom Land … Mit Emanzipation hat das nichts zu tun. Und es hatte auch früher nichts damit zu tun.

ELMAR ALTVATER Das ist wahr. Ich möchte mit meinem Urteil nur deshalb etwas vorsichtiger sein, weil man solche Entwicklungen wohl auch vor dem Hintergrund spezifischer Traditionen, der kulturellen Vermittlung solcher Politikformen, beurteilen muss. Und in dieser Hinsicht, in Bezug auf die jüngste Sozialgeschichte Chinas, muss ich meine Inkompetenz eingestehen.

Was das maoistische China angeht, das in den frühen 1970er Jahren von vielen westlichen Linken – nicht nur von Maoisten – mit Sympathie beobachtet wurde, so waren sicher schon damals viele Projekte zum Scheitern verurteilt und hatten einen schlechten Beigeschmack; in Bezug auf die Menschen, aber auch auf Natur und Technik. Sie haben die Hinterhofhochöfen erwähnt: Das war ja nicht nur praktischer Unsinn, sondern auch eine ökologische und gesundheitliche Katastrophe. Stahlproduktion geht mit extremer Kontamination einher. Auch wenn kein Parteifunktionär oder Polizist daneben stand, um die Leute zu maßregeln, war das repressiv und hatte nichts mit einer sozial und ökologisch ausgerichteten alternativen Entwicklung zu tun.

RAUL ZELIK Es gibt eine Gemeinsamkeit zwischen dem maoistischen China und dem sowjetisch dominierten Ostblock: das Lenin'sche Revolutions- und Organisationsmodell. Die kommunistischen Kader wollten einer historisch notwendigen Entwicklung Geltung verschaffen. Ich denke, dass die autoritäre Struktur des Staatssozialismus – die repressive Durchsetzung der Politik gegenüber der Bevölkerung, die Herausbildung von Führungskasten und Herrschaftsbürokratien usw. – in allen staatssozialistischen Ländern ähnlich war und überall vom Lenin'schen Organisationsmodell mit hervorgebracht wurde.

ELMAR ALTVATER Das Lenin'sche Modell setzte aber auf sehr unterschiedlichen Kulturen auf und war demzufolge nicht überall gleich. In einem so wenig entwickelten und von so starken autoritären Tendenzen geprägten Land wie Russland spielte es sicher eine andere Rolle als in der Tschechoslowakei oder der DDR, die ja 1945 schon recht industrialisiert waren, wo es Mittelschichten gab und künstlerische und wissenschaftliche Traditionen eine starke Rolle spielten. Insofern kann man das wohl nicht verallgemeinern.

Ich würde eine andere Gemeinsamkeit ausmachen. Das 20. Jahrhundert kann man als Jahrhundert der Beschleunigung bezeichnen. Das Sinnbild dafür ist natürlich das Automobil, aber auch der Wachstumsgedanke, der zuvor keine wichtige Rolle gespielt hatte, steht dafür. Die Beschleunigung wurde zum Erfolgsmaßstab der sozialistischen Staaten und der führenden Parteien. Damit wurde jedoch auch vieles außer Kraft gesetzt, was in langsameren Gesellschaften funktionieren kann, beispielsweise politische Partizipation. Demokratische Beteiligungsprozesse verlangsamen naturgemäß alles. Sie kosten Zeit. Unter dem Zwang der Beschleunigung bleibt wenig Platz zum Abwägen, Überlegen, Diskutieren; heute ist das dank der neuen Kommunikationstechnologien einfacher geworden, aber im Prinzip trifft das auch heute noch zu. Und so war im Realsozialismus immer jemand da, der die Knute schwang und die Leute zur Arbeit antrieb. Denken wir nur an die Akkordsysteme, mit denen die Beschleunigung in die Arbeitsorganisation eingebaut wurde: Der »Held der Arbeit« Alexej Stachanow wurde in der Sowjetunion zum Idol aufgebaut, das DDR-Pendant hieß Adolf Hennecke. Alles musste schneller gehen, und dafür gab es Orden und Prämien. Solche »Helden« gab es überall – auch in China. Es kam zu einer extremen Verdichtung der Arbeitszeit. Das strukturierte die realsozialistische Gesellschaft – und machte sie wohl auch kaputt. Andrzej Wajda hat über den »sozialistischen Wettbewerb« im Arbeitsprozess 1977 den Film *Der Mann aus Marmor* gedreht. Ich habe den Film damals zusammen mit Arbeitern von Fiat in Turin gesehen. Die konnten nicht verstehen, warum sich die sozialistischen Arbeiter in Polen die Arbeitshetze aufdrängen ließen. Sie hatten für die kleinen Sabotageaktionen gegen den Leistungswettbewerb, die in dem Film gezeigt wurden, große Sympathien.

RAUL ZELIK Trotzdem blieb es letztlich doch eine verlangsamte, in vieler Hinsicht fast schon statische Gesellschaft. Ich glaube, die mangelnde Partizipation hatte mit Machtstrukturen und weniger mit den – ja nur Teile der Gesellschaft erfassenden – Akkordsystemen zu tun. Veränderungen wurden blockiert, weil sie unmittelbar Macht- und Entscheidungsgefüge zu verschieben drohten; weil Macht im Staatssozialismus immer direkt politisch organisiert war.

ELMAR ALTVATER Klar, das war ein ständig untergründig bewegender Widerspruch: zwischen der Notwendigkeit, das System in der »Systemkonkurrenz« zu dynamisieren, und den daraus resultierenden Gefährdungen für die fragile Machtbalance in einem Staat, der nur eine schwache legitimatorische Grundlage besaß.

RAUL ZELIK Sie haben demokratische Beteiligung eingefordert. Aber auch das ist nicht überall gleich gewesen. Es gab noch einen dritten sozialistischen Weg: Jugoslawien. Dort beanspruchte der Bund der Kommunisten, die jugoslawische KP, zwar auch eine politische Alleinvertretung – aber in den Betrieben wurde ab den frühen 1960er Jahren eine Arbeiterselbstverwaltung praktiziert. Die Betriebe besaßen weitreichende Entscheidungsautonomie, und das spiegelte sich auch politisch wider: Die Bundesstaaten und Autonomieregionen waren weitgehend selbstständig, an den Universitäten, unter Intellektuellen und Künstlern gab es große Diskussionsspielräume. Man konnte im sozialistischen Jugoslawien lesen und reden, was man wollte, und es herrschte Freizügigkeit: Wer wollte, konnte reisen und auswandern – und wiederkommen. Doch auch diese Variante – vielleicht sollte man sie wegen ihrer Marktelemente und einer gewissen politischen Toleranz als »liberal« bezeichnen – scheiterte. Die Einführung der Betriebsautonomie und der Marktmechanismen führte dazu, dass ab den 1960er Jahren die Kluft zwischen den Regionen und den Betrieben wieder zunahm. Die Menschen identifizierten sich mehr mit ihren Unternehmen als mit dem gesellschaftlichen Gesamtzusammenhang. Die Zentrifugalkräfte wurden größer und größer.

ELMAR ALTVATER Der Fall Jugoslawien zeigt recht deutlich, was passiert, wenn man eine Entwicklung dem Markt überlässt – auch unter sozialistischen Vorzeichen.

Jugoslawien war ja ausdrücklich als Marktsozialismus konzipiert worden. Branko Horvat, aber auch die sogenannte Praxis-Gruppe hatten dazu umfangreiche ökonomietheoretische und philosophische Beiträge geleistet, die auch heute noch, fast ein halbes Jahrhundert später, die Lektüre lohnen. Das Problem an Märkten ist, dass sie Ungleichheit in sich tragen und oft auch hervorbringen. Dabei ist es unerheblich, ob es sich um Marktkapitalismus oder Marktsozialismus handelt. Ungleichheit ist deshalb das Ergebnis von Märkten, weil auf ihnen sogenannte Leistung oder genauer: vermarktbare Leistung zählt, und die eben ungleich erbracht wird.

Die großen Schwierigkeiten, unter denen Jugoslawien ab den 1970er Jahren litt, hatten damit zu tun, dass der Markt aufgrund seiner Tendenz zur Ungleichheit immer ein Korrektiv braucht. In den westlichen Ländern entwickelte man zu diesem Zweck den Sozialstaat. In Jugoslawien gab es den zwar auch, aber nach der Verfassungsänderung Anfang der 1970er Jahre wurden die Differenzen

zwischen den Bundesrepubliken nicht mehr – etwa dem
deutschen Finanzausgleich entsprechend – ausgeglichen.
Die Autonomie der Einzelstaaten wurde daher so groß,
dass sich die Unterschiede zwischen Slowenien als der
reichsten und Kosovo als ärmster Region unkontrolliert
entfalten konnten. Das rief enorme Konflikte innerhalb
des Landes und auch zwischen den Menschen hervor, was
schließlich in den 1990er Jahren zu einer gewalttätigen
Explosion, zum Bürgerkrieg führte. In diesem Zusammenhang war aber auch von Bedeutung, dass die Unab-
hängigkeitsbestrebungen der Regionen von außen massiv
unterstützt wurden. Die deutsche Außenpolitik unter
Hans-Dietrich Genscher spielte hier eine entscheidende, katastrophale Rolle. Mit der schnellen Anerkennung
Sloweniens und etwas später auch Kroatiens ermutig-
te man auch die anderen Unabhängigkeitsbewegungen.
Offensichtlich zielte die deutsche Außenpolitik auf den
Zerfall Jugoslawiens ab und war somit für die Kriege der
1990er Jahre mitverantwortlich. Über die Gründe kann
man lange spekulieren. Ökonomische Interessen allein
können es nicht gewesen sein.

RAUL ZELIK Sie haben das sozialistische Jugoslawien in den
1970er Jahren intensiver beobachtet: Würden Sie behaupten, dass dieses Modell trotz des schrecklichen Zerfalls
Jugoslawiens Aspekte hat, an die man sich erinnern sollte? Zwar gehörte das »Organisieren«, das Unterschlagen
von Gütern, auch in Jugoslawien zum Alltag. Doch das
Wohlstands- und Konsumniveau war, denke ich, im Mittel nicht niedriger als heute in den Einzelstaaten. Demokratische Partizipation war im Politischen kaum möglich,
aber dafür hatte man in den Betrieben Einiges mitzure-
den. Die soziale Sicherheit war groß, die jugoslawische

Identität trotz der kulturellen Unterschiede stark. Es gab interessante politische Debatten.

ELMAR ALTVATER Nicht alles, was sich in Jugoslawien unter dem Schirm des Sozialismus versammelte, entspräche wohl unseren Vorstellungen von Solidarität, Moderne, einer Weite des Denkens und sozialistischem Fortschritt. Wahrscheinlich war das unvermeidbar und wäre in Deutschland kaum anders. Es bedarf der Lernprozesse, um über solche Zustände hinauszukommen – keines autoritären Lernens, sondern eines kollektiven *learning by doing*.

Tatsächlich eröffnete die Autonomie der Betriebe sehr viele Mitbestimmungsmöglichkeiten – mehr als in anderen sozialistischen, aber vor allem auch mehr als in den kapitalistischen Staaten. Andererseits gab es in Jugoslawien nicht genügend Arbeitsplätze. Deswegen sind sehr viele Jugoslawen emigriert. Nach den Italienern stellten die Jugoslawen in den 1950er und 1960er Jahren unter den Arbeitsimmigranten in Deutschland die größte Gruppe. Die Wohlstandserfahrungen, die diese Menschen im Westen machten, spielten dann auch eine wichtige Rolle bei der Zersetzung des Landes. Ich weiß nicht, ob es Untersuchungen dazu gibt. Aber in Teilen Jugoslawiens – in Kroatien wahrscheinlich mehr als in Mazedonien – und in bestimmten sozialen Schichten trugen die Wohlstandserwartungen dazu bei, dass sich viele Menschen immer weniger mit der jugoslawischen Union identifizierten.

RAUL ZELIK Allein die Existenz Jugoslawiens war eigentlich eine bemerkenswerte Tatsache. Man darf nicht vergessen, wie extrem die ökonomischen Gegensätze hier waren. Das Wohlstandsgefälle zwischen Slowenien und dem

Kosovo war – wenn ich das richtig in Erinnerung habe – vor dem Zweiten Weltkrieg so groß wie das zwischen Italien und Schwarzafrika. Ab 1945 wurden diese Unterschiede zunächst massiv abgebaut. Gleichzeitig war die Bundesrepublik Jugoslawien auch durch eine große kulturelle Differenz charakterisiert. Ich erinnere mich an Bilder aus Bosnien. Die Ungleichzeitigkeit stach ins Auge: Sarajevo war eine europäische Kulturmetropole; nebeneinander sah man das bäuerliche Leben, eine traditionelle Roma-Kultur, die Industrialisierung, die Architekturmoderne, Subkulturen.

Kritisch muss man anmerken, dass der politische Führungsanspruch der Staatsbürokratie ähnlich penetrant war wie überall im sozialistischen Lager. Und den Personenkult um Tito kann man wohl, auch wenn er das Land zusammenhielt, nur als absurd bezeichnen. Und doch erscheint Jugoslawien im Rückblick als eine Bühne der Differenz, der Vielfalt.

ELMAR ALTVATER Man muss Jugoslawien als ein Produkt des Kalten Krieges verstehen. Als eines der wenigen Länder in Osteuropa hatte es selbst eine Revolution gemacht. Die Jugoslawen befreiten sich im Partisanenkrieg vom Nationalsozialismus selbst, ohne direkte Hilfe der Westalliierten und der Sowjetunion. Jugoslawien gehörte dann einige Jahre zum sozialistischen Lager und verfolgte ab 1949 einen unabhängigen Kurs, wofür das Land von der Sowjetunion und den anderen Staaten des Warschauer Paktes zunächst heftig bekämpft wurde. Das Selbstbewusstsein war groß genug, um auch in Zeiten der Blockkonfrontation eigene Wege zu gehen. Im Rahmen dieses Lösungsprozesses führten die Jugoslawen die Arbeiterselbstverwaltung und eine Art Marktsozialismus ein. Auf

Linke in Westeuropa hatte das in den 1950er und 1960er Jahren eine große, positive Ausstrahlung. Hier wurde eine nicht kapitalistische Gesellschaft mit Arbeiterselbstverwaltung, Staats- und Gemeineigentum sichtbar. Das waren damals ja auch in Deutschland wichtige gesellschaftliche Positionen. Man muss sich nur das Münchner Programm des Deutschen Gewerkschaftsbundes von 1949 anschauen. Der DGB definierte Mitbestimmung, Wirtschaftsplanung und Vergesellschaftung der Schlüsselindustrien als zentrale Elemente zur Umgestaltung der Gesellschaft. Was in Jugoslawien geschah, schien diesen Forderungen sehr nahe zu kommen. Die Begeisterung war dementsprechend groß.

Das jugoslawische Modell hat aber aus verschiedenen Gründen, von denen einige auch ökonomischer Natur sind, nie richtig funktioniert. Zudem geriet es, da es an der Frontlinie zwischen den großen Blöcken lag, von beiden Seiten unter Druck. Von der Sowjetunion wurde Jugoslawien vor allem in den Anfangsjahren nach dem sowjetisch-jugoslawischen Bruch 1949 sehr hart angegangen. Dieser Druck nahm im Verlauf der 1950er Jahre ab. In den Folgejahren spielten dafür die westlichen Länder eine destabilisierende Rolle. Die nationalistischen, teilweise auch faschistischen Separationsbewegungen etwa in Kroatien wurden von der westlichen Staatengemeinschaft und von der katholischen Kirche, sprich: der Rechten im Vatikan, massiv unterstützt. Vor diesem Hintergrund unternahm Jugoslawien – und auch das ist heute durchaus interessant – den Versuch, einen dritten Pol in der Welt zu errichten: In der Blockfreienbewegung, der Trikontinentale, nahm Jugoslawien eine Führungsrolle ein. Neben dem indischen Ministerpräsidenten Jawaharlal Nehru und dem indonesischen Präsidenten Sukarno war Tito die zentrale Figur der Blockfreien. Und diese Politik eröffnete Jugoslawien auch wieder einen gewissen Spielraum.

Zersetzt wurde das Land schließlich durch interne Probleme. Der Marktmechanismus vertiefte die Ungleichheit und setzte eine Auflösungstendenz in Gang. Mit der Verfassungsreform Anfang der 1970er Jahre, die auf eine weitgehende Autonomie der Bundesstaaten hinauslief, beraubte man sich der Instrumente, diesem Zerfall entgegenzusteuern. Nach der Dezentralisierung war es nicht mehr möglich, die soziale Ungleichheit zwischen den Landesteilen zu korrigieren.

RAUL ZELIK Das Genick brach Jugoslawien dann die Schuldenkrise der 1980er Jahre. Ähnlich wie viele Dritte-Welt-Staaten hatte Jugoslawien in den 1970er Jahren, als die Zinsen niedrig und der US-Dollar billig waren, Kredite beim Internationalen Währungsfonds aufgenommen. Durch die Hochzinspolitik, die die USA ab 1980 verfolgten, wurde der Schuldendienst unbezahlbar: Nicht nur die Zinsen stiegen, auch der US-Dollar gewann an Wert, weil viele Anleger Dollar-Anleihen kauften.

Es kam zu einer heftigen sozialen Krise. Die Parteiführungen vor allem in Kroatien und Serbien versuchten nach Titos Tod 1980, diese soziale Krise durch nationalistische Mobilisierungen – gegen den Zentralstaat, gegen die albanische Minderheit – vergessen zu machen. Um die politische Macht zu behaupten, haben die Eliten den sozialen Konflikt also »ethnisiert«. Und der Westen hat das, wie Sie schon erwähnten, angeheizt, indem er den Separatismus Kroatiens und Sloweniens, später dann auch des Kosovo, aktiv unterstützte.

ELMAR ALTVATER Ja, und wie Sie richtig feststellen, muss man auch die Verantwortung der serbischen Seite im Blick haben. Gerade der serbische Präsident Slobodan Milošević setzte in den 1980er Jahren massiv auf die ethnische Karte. Seine Rede zum 600. Jahrestag der Schlacht auf dem Amselfeld, wo serbische Truppen gegen die Osmanen kämpften, ist in schlechter Erinnerung. Letztlich wurde Milošević dann selbst Opfer seines ethnisch aufgeladenen Diskurses.

RAUL ZELIK Ich möchte noch ein wenig auf meinem persönlichen Steckenpferd herumreiten: dem Leninismus. Heute gibt es unter Intellektuellen eine kleine leninistische Renaissance. Der Philosoph Slavoj Žižek propagiert schon seit einigen Jahren die Wiederentdeckung bolschewistischer Strategien. Auf noch explizitere, politischere Weise plädiert der Schriftsteller Dietmar Dath für eine Lenin'sche Praxis. Ich finde das ziemlich irritierend. Lenins Denken kreiste ja sehr stark um Machtfragen, vor allem um die Möglichkeit des politischen Bruchs. Auf der einen Seite ist das einleuchtend. In einer bürgerlichen Gesellschaft – von der zaristischen ganz zu schweigen – reicht es nicht, eine Mehrheit überzeugen zu wollen. Die politische, repräsentative und mediale Meinungsbildung ist machtförmig, oligarchisch oder autokratisch, strukturiert. Ein Hubert Burda hat sehr viel größere Möglichkeiten, seine Meinung geltend zu machen als eine Basisbewegung mit Hunderttausenden von Aktivisten. Auch in westdeutschen Medien gibt es Zensurmechanismen; bestimmte Inhalte und Perspektiven kann man in diesen Medien nicht oder nur mit größten Problemen vertreten. Ja, es reicht nicht einmal, die Mehrheit zu sein. Selbst wenn es einmal gelingt, trotz der erschwerten Bedingungen eine Bevölkerungsmehrheit für ein alternatives Projekt zu gewinnen und bei Wahlen eine parlamentarische Mehrheit zu gewinnen, heißt das noch lange nicht, dass man auch die Macht hat, die Gesellschaft so umzugestalten, wie es die Mehrheit wünscht. Alle Linksregierungen – in Lateinamerika ist diese Frage ja seit Jahrzehnten aktuell – waren mit diesem Problem konfrontiert. Man war, wie es die italienische Publizistin und Mitgründerin der Tageszeitung *Il Manifesto*, Rossana Rossanda, einmal gesagt hat, »an der Regierung, aber nicht an der Macht«. Denken wir an 1956 in Guatemala, 1973 in Chile, an Venezuela und Bolivien heute.

Insofern sind die von Lenin aufgeworfenen Fragen, nämlich, wie bürgerliche Herrschaftsapparate überwunden werden können, wie eine Situation der Offenheit für etwas radikal anderes geschaffen werden kann, sehr aktuell. Andererseits hat sich der Leninismus aber auch als schreckliche Sackgasse erwiesen. Sie haben vorhin auf die Unterschiede zwischen den leninistischen Modellen in den verschiedenen staatssozialistischen Gesellschaften verwiesen. Ich sehe aber auch große Ähnlichkeiten: Überall verwandelten sich die Kaderparteien in kastenähnliche Führungsgruppen – wobei persönliche Privilegien, anders als gemeinhin unterstellt, meist nur eine untergeordnete Rolle spielten. Viel entscheidender und letztlich verhängnisvoll war, dass die Führungsgruppen jene Entwicklung im Keim erstickten, die den Sozialismus seiner Definition nach eigentlich auszeichnen müsste: eine radikale Demokratisierung der Gesellschaft, eine gemeinschaftliche Verständigung darüber, wie man lebt, arbeitet, produziert, konsumiert.

Anders formuliert: Der Leninismus besaß eine Strategie der Machteroberung. Aber einem sozialistischen Projekt stand er im Weg.

ELMAR ALTVATER Ich weiß nicht, ob man das so sagen kann. Lenin selbst war ja sehr flexibel. Als der Kriegskommunismus, in dem Güter einfach requiriert und verteilt wurden, nicht funktionierte, ging Lenins Revolutionsregierung 1921 zur Neuen Ökonomischen Politik über. Damit wurden weitreichende Marktmechanismen und eine Autonomie der Betriebe eingeführt, wodurch sich – darüber haben wir bereits gesprochen – die sozialen Widersprüche erneut verschärften.

Ich habe deswegen so große Schwierigkeiten, vom »Leninismus« zu sprechen, weil es sich eigentlich nur um sechs Jahre, davon drei Jahre Bürgerkrieg, handelte, in denen Lenin am Aufbau einer sozialistischen Gesellschaft beteiligt war. 1924 starb er, und vorher befand sich Russland in einer revolutionären Situation, in der man sich entsprechend den gesellschaftlichen Kräfteverhältnissen verhalten musste. Lenin war ein Voluntarist, das heißt, er versuchte das Unmögliche durchzusetzen und war damit, was in der Geschichte selten ist, erfolgreich. Insofern war das, was sich in Russland als Revolution ereignete, kein organischer Prozess, der von breiten Teilen der Gesellschaft getragen wurde und von ihr realisiert werden konnte. Es war das Projekt einer Avantgarde, einer Minderheit.

Wenn sich heute manche in einem politischen Gebilde wie der EU wieder als Leninisten gerieren, erscheint mir das als Spielerei. Die Situation unserer Gesellschaften heute lässt sich in keiner Weise mit der des zaristischen Russlands vergleichen. Insofern sind alle Anspielungen auf Lenin unpassend.

Eine wichtige Frage ist allerdings die Rolle des Voluntarismus in einem Prozess radikaler Veränderung. Es

gibt ja immer zwei Möglichkeiten: Entweder man war-
tet ab, bis die Zeiten – entsprechend der Analyse der
historischen Verhältnisse – reif sind und einem die reife
Frucht in den Schoß fällt. Wobei es aber auch passieren
kann, dass die Frucht nie reif wird. Oder man pflückt
die unreife Frucht und lässt sie nachreifen. Manchmal
wird dann was draus, manchmal fault die Frucht, bevor
man sie verzehren kann. Das ist offensichtlich das, was
im Sozialismus geschah: Die Früchte wurden viel zu früh
gepflückt, waren viel zu unreif und sind verfault, bevor
sie Nahrung hätten abgeben können.

Der Voluntarismus ist vielleicht auch heute wieder
bedeutsam. Damit meine ich Aktivitäten, die über das
»objektiv Gegebene« mit Macht hinausschießen. Ob das
gelingt, hängt stark von den Subjekten ab: Ob diese Subjekte in der Lage sind, den Voluntarismus in nicht voluntaristische, sprich: dauerhafte Strukturen umzusetzen.
Diese Frage ist sehr wichtig, denn es wird weder ausreichen, einfach abzuwarten, noch das Abwarten voluntaristisch zu beenden.

Wenn mit Neoleninismus gemeint ist, dieses Problem
zu formulieren, wäre das ein wichtiger Beitrag.

RAUL ZELIK Was würde es denn bedeuten, nicht abzuwarten? Inwiefern könnte Voluntarismus heute einen positiven Beitrag leisten?

ELMAR ALTVATER Das kann ich nicht beantworten. Die Antwort wäre wohl selbst eine voluntaristische, das heißt,
nicht sehr analytisch und von den eigenen Wünschen ge-
leitet. Wie würden Sie sie denn beantworten?

RAUL ZELIK Ich denke, dass der Voluntarismus oder richti-
ger: die Bereitschaft zum Bruch eine wichtige Funktion
hat – aber nur in Verbindung mit radikaldemokratischen

Bewegungen. In Lateinamerika, das heißt in Venezuela, Ecuador und Bolivien haben in den 2000er Jahren wichtige Reformprozesse stattgefunden, durch die herrschende Machtverhältnisse zumindest teilweise infrage gestellt wurden. Möglich waren diese Reformen, weil Basisbewegungen die neoliberale Politik zuvor fast ein Jahrzehnt lang blockiert und dann neue, sehr auf Führungspersonen zugeschnittene politische Organisationen einen radikalen Bruch propagiert haben. Um 1990 hätte man es kaum für möglich gehalten, dass ausgerechnet in diesen drei Ländern grundlegende Veränderungen bevorstehen. Die politische und soziale Opposition lag am Boden. Gleichzeitig herrschten dort jedoch tiefe Krisen der Repräsentation. Die Mehrheit der Bevölkerung fühlte sich von Parteien, Gewerkschaften, Medien, akademischen Diskursen usw. nicht mehr vertreten. In diesem Vakuum entstanden diffuse Bewegungen, die sich dem herrschenden Zustand grundsätzlich widersetzten. In Bolivien und Ecuador waren das zunächst vor allem Indigene, in Venezuela eher die als Bürger von Stadt und Staat unsichtbar gemachten Barriobewohner. Dass Führungspersonen wie Hugo Chávez oder Evo Morales bei der Herausbildung einer neuen politischen Opposition eine so große Rolle spielten, hat viel mit diesem Vakuum zu tun: Eine organisierte politische und gesellschaftliche Linke war schwach. Man muss aber auch Folgendes sehen: Trotz der revolutionären Rhetorik sind die ökonomischen Veränderungen in den genannten Ländern bescheiden geblieben. Es hat Verfassungsreformen gegeben, in Ecuador hat man den Staat modernisiert, in Venezuela und Bolivien Sozialpolitik gemacht; in allen drei Ländern kontrolliert der Staat heute wieder die Einnahmen aus den Rohstoffexporten. Was postkapitalistische Perspektiven angeht, waren die Transformationen aber viel weniger radikal, als es der Regierungsdiskurs nahelegt. Das finde ich bemerkenswert: Eine andere Politik ist offensichtlich möglich. Doch um reformistisch zu wirken, muss man revolutionär antreten. Nur wer den Willen zum Bruch, die Bereitschaft zu Konflikten mitbringt, wird unter den existierenden Machtverhältnissen Verschiebungen erreichen können.

Die internationale Sozialdemokratie ist heute offensichtlich nicht mehr in der Lage, eine integrierende Wohlfahrtspolitik durchzusetzen. Sie geriert sich – von New Labour in Großbritannien über die spanische PSOE bis zu Lula in Brasilien – als effizientes Verwaltungspersonal neoliberaler Konzepte. Aber wahrscheinlich haben die Sozialdemokratien ja auch im 20. Jahrhundert nur dann phasenweise Wohlstandspolitik umgesetzt, wenn es darum ging, radikale Gefahren zu bannen. Klar ist auf jeden Fall, dass soziale Reformpolitik heute nur mit großer, revolutionärer Entschlossenheit möglich ist. Ohne »voluntaristische« Dauermobilisierung, wie sie die Regierung Chávez in Venezuela praktiziert hat, sind selbst minimale Erfolge undenkbar. Das hat viele problematische Seiten. Bei dem Bemühen, die Dinge in Bewegung zu setzen, vergaloppierte sich die Regierung Chávez ständig. Es wurden immer neue Kampagnen – zur Förderung der Landwirtschaft, zur massenhaften Gründung von Genossenschaften, für Bildungsprogramme – ausgerufen, die dann wenig Nachhaltigkeit hatten. Dennoch ist die Haltung im Prinzip richtig. Die Regierung hat die Gesellschaft …

ELMAR ALTVATER … in Bewegung gesetzt …

RAUL ZELIK … und sie auf Trab gehalten. Das hat ermöglicht, dass sich Kräfteverhältnisse verschieben. Und vielleicht ist die Regierung Chávez auch deswegen nicht in eine autoritäre Sackgasse wie die staatssozialistischen Projekte des 20. Jahrhunderts geraten, weil sie immer wieder gezwungen war, Mehrheiten zu mobilisieren. Venezuelas »Sozialismus des 21. Jahrhunderts« ist als Perspektive nicht befriedigend. Jenseits der Parolen lässt sich keine alternative Entwicklungspolitik ausmachen. Die weltmarkt- und ressourcenorientierte Exportstrategie wird weiter fortgesetzt. Der Staat ist nicht weniger ineffizient und bürokratisch als in den 1980er Jahren. Und trotzdem ist es wichtig, was in Venezuela geschehen ist. Das Land hat nämlich immerhin bewiesen, dass eine alternative Sozialpolitik möglich ist und der bürgerlich-repräsentative Staat nicht die einzige Form der Politik ist. Alternative demokratische und postneoliberale Formen sind zumindest wieder denkbar geworden – allerdings ist auch deutlich geworden, dass selbst minimale Veränderungen nur möglich sind, wenn man bereit ist, den privilegierten Gruppen der Gesellschaft entschlossen entgegenzutreten. Im 20. Jahrhundert war ein symbiotischer Reformismus, der mit den Machteliten kooperierte, möglich, weil die Sozialdemokratie auch als gegenrevolutionäre Strategie wirkte. Heute sind demokratische und soziale Revolutionen nicht ohne grundlegenden Bruch zu haben.

ELMAR ALTVATER Und die Eliten sind in Zeiten der Globalisierung international vernetzt. Eine soziale Bewegung in einem Land Lateinamerikas oder auch Europas hat es immer mit internationalen Organisationen und Institutionen oder mit den anonymen »Sachzwängen« des Weltmarkts zu tun. Die Regeln von IWF und Weltbank oder die der EU halten selbst eine reformistische Regierung an einer sehr kurzen Leine. Der Spielraum für Reformen wird eingeschränkt. Besonders hart trifft es Sozialreformer, wenn ein Land verschuldet ist. Der »Konsens von Washington« ist während der Schuldenkrise der 1980er Jahre erarbeitet worden mit den darin vorgesehenen Sparmaßnahmen, der Privatisierungspolitik, dem Druck auf die Masseneinkommen. Das ist eine Politik, die auch in der Euro-Krise gegen jeden Reformversuch zu Gunsten der Mehrheit der Bevölkerung in Stellung gebracht wird. Um dennoch nicht auf den Reformbegriff verzichten müssen, werden die brutalsten Austerity-Maßnahmen, an denen Menschen zugrunde gehen, als Reformen bezeichnet. Der politischen Linken, der traditionellen Arbeiterbewegung ebenso wie neuen Organisationen wird ein wichtiger Begriff geklaut, der der Reformen. Und nicht nur das: Wer für Reformen eintritt, muss bei der Renovierung des Ausbeutungssystems aktiv mitmachen. So wird jeder Ansatz einer Dialektik von Reform und Revolution unterbunden.

RAUL ZELIK Bemerkenswert an den lateinamerikanischen Entwicklungen finde ich auch noch einen weiteren Aspekt: Die Träger der Veränderung waren nicht diejenigen, von denen man es erwartet hätte. Die politische Transformation ging in Venezuela nicht von Linksparteien, Gewerkschaften oder klar umrissenen sozialen Bewegungen aus. Die wesentlichen Protagonisten waren zum einen politisch-kulturelle Netzwerke in den Armenvierteln, zum anderen Strömungen innerhalb der Militärs, die nicht länger gegen die eigene Bevölkerung eingesetzt werden wollten. Die Emanzipation sucht sich unerwartete Bahnen und Akteure.

ELMAR ALTVATER Für Lateinamerika würde ich das ähnlich sehen, und die daraus zu ziehende Lehre ist: Es gibt nicht

das Subjekt der Veränderung, es gibt nicht *den* Königsweg der sozialen Transformation, es gibt nicht *das* Verhältnis von Staat, Regierung und sozialen Bewegungen.
Es kommt auf die je konkreten Strukturen von Räumen
und Zeiten an, in denen sich politische Kräfte verorten.
In Lateinamerika hat sich in einer bestimmten historischen Situation eine Chance ergeben – auch weil es
Personen gab, die die Flagge der Revolution aufgriffen,
um es pathetisch auszudrücken. Das war möglich, weil
es breite Volksbewegungen gab. In Bolivien ist das wohl
am deutlichsten: Ohne die Bewegungen, die sich gegen
die Privatisierung der Erdgasvorkommen, der Trinkwas-
serversorgung und anderer öffentliche Güter zur Wehr
setzten, wäre es nicht zum Politikwechsel gekommen.
Evo Morales wäre nicht Präsident Boliviens. Die sozio-
territorialen Bewegungen, wie sie auch genannt werden,
weil sie von ihren Lebensrealitäten in den Stadtteilen und
Dörfern ausgehen, haben eine Schlüsselrolle gespielt. Der
politische Voluntarismus hat nur aufgrund dieser Bewegungen eine Chance gehabt.

Die Frage wäre nun allerdings, ob eine voluntaristische Strategie in Europa an etwas Ähnlichem anknüpfen
könnte. Hierzulande beispielsweise warnte der ehemalige
DGB-Vorsitzende vor sozialen Unruhen, wenn die Agen-
da-Politik des Sozialabbaus in Deutschland ungebremst
fortgesetzt werden sollte. Das war nicht als Aufruf zu
sozialem Protest gedacht, sondern, im Gegenteil als Rat-
schlag an die Herrschenden, dass sie mehr auf die Gewerkschaften eingehen sollten, damit die Situation unter
Kontrolle bleibt. Das ist eine subalterne Haltung. Es geht
darum, Proteste zu deckeln, und nicht darum, ihre legi-
timen Inhalte auszudrücken und durchzusetzen.

Eine voluntaristische Strategie hat in Anbetracht einer solchen politischen und sozialen Kultur keinen echten Anknüpfungspunkt. Ich sehe in Gesellschaften wie Deutschland daher wenig Möglichkeiten, »voluntaristisch« tätig zu sein – obwohl es dafür eine Notwendigkeit gäbe. Die Organisation der Unzufriedenheit ist ein schwieriges Unterfangen. Das liegt natürlich auch an der Strategielosigkeit. Der Wille zur Veränderung und die daraus resultierenden voluntaristischen Aktionen müssen mit einer Strategie der politischen und sozialen Veränderung verknüpft werden. So wie Hefe das Brot auftreibt, müssen voluntaristische Aktionen und strategische Analyse im selben Teig wirksam sein und ihn über die Ränder treiben. Aber das geht nur, wenn es für die Bäcker die Zutaten gibt, und wenn sie dann das Ganze durchkneten können, wenn also die Verhältnisse reif für die Veränderung sind.

Die kommende Gesellschaft

RAUL ZELIK Damit sind wir beim wohl schwierigsten Teil unseres Gesprächs angelangt, nämlich bei der Frage, wie sich eine gesellschaftliche Alternative zum Kapitalismus in Gang setzen lässt.

Hier sollten wir uns vielleicht kurz darüber verständigen, was wir mit Kapitalismus meinen: Haben wir es mit mehreren Imperien, einem kapitalistischen Weltsystem, einem Empire zu tun, in dem der Kapitalismus nur eine wichtige Struktur unter mehreren ist, oder müsste man diese Welt sowieso ganz anders beschreiben?

ELMAR ALTVATER Dass der Kapitalismus ein Weltsystem ist, haben Fernand Braudel oder Immanuel Wallerstein schon vor Jahrzehnten mit ihren historischen Analysen gezeigt. Mit dieser Feststellung ist allerdings noch nicht viel gewonnen. Im Zeitalter des Kolonialismus unterwarfen die Kolonialmächte gewaltige Territorien, ja, ganze Kontinente in aller Welt, um sie auszuplündern. Das ist nicht immer zur Zufriedenheit der Kolonialisten gelungen, denn die kolonialen »Abenteuer« waren teuer. Im Imperialismus ist es der je nationale Staat, der den ökonomischen Expansionsdrang der nationalen Kapitale, der monopolistischen Großkonzerne absichert – und dabei in Konflikt mit anderen Nationalstaaten gerät, die die gleiche Linie für »ihre« Großkonzerne verfolgen. Im »klassischen« Imperialismus der zweiten Hälfte des 19. und der ersten Jahrzehnte des 20. Jahrhunderts expandierten also die nationalen Staaten mit ihren Grenzen auf einem doch begrenzten Planeten. Das ist der allgemeinste Grund für die Weltkriege, die das 20. Jahrhundert geprägt haben. Die Globalisierung seit den 1970er Jahren folgt einem ganz anderen Prinzip. Sie ist nicht durch die Expansion von nationalstaatlichen Grenzen, sondern durch deren Abbau, durch deren Öffnung für Warenhandel, Dienstleistungen und Kapitalverkehr charakterisiert. Nur für die Arbeitsmigration bleiben die Grenzen weitgehend geschlossen. In dieser Situation kommt der Begriff des *Empire* auf. Hardt und Negri, die unter diesem Titel einen Bestseller auf den Markt gebracht haben, versuchen zu zeigen, dass die Macht nicht mehr bei den Nationalstaaten liegt, sondern diffundiert, dass es auch keine Klassen mehr gibt, sondern eine *multitude* diffuser Bewegungen. Seit einigen Jahren jedoch verändert sich der Diskurs, auch bedingt durch die Krise. Die bislang so verachteten Nationalstaaten steigen als Retter von Banken und Unternehmen erneut in den Ring, und im internationalen Kontext verfolgen sie die Interessen der Energiesicherheit etc. Die nationalstaatliche und vor allem die Geopolitik kommen also zurück und verpassen der Globalisierung erneut eine imperiale Note.

RAUL ZELIK Man könnte also sagen: ein Weltsystem, das sich allerdings weiter aus konkurrierenden Nationalstaaten und Imperien zusammensetzt. Hierzu gilt es einen utopischen Gegenentwurf zu formulieren, der umfassend und doch konkret ansetzt.

Wenn wir über ein solches Projekt sprechen, dann sind wir zunächst mit der Schwierigkeit konfrontiert, dass uns Modelle nicht wirklich weiterhelfen. Genau das, was immer an einen herangetragen wird – »Sagt, wie es besser gehen soll« –, kann eigentlich nicht zu einer Emanzipation führen.

Modelle bleiben nämlich entweder schwelgerische Fantasien oder verwandeln sich in technokratische Projekte, wie sie für die sozialistischen Staaten charakteristisch waren:

Die Linke hatte einen großen Entwurf und war von der historischen Aufgabe überzeugt, dieses Projekt realisieren zu müssen. Das heißt, sie hat es der Gesellschaft aufgeherrscht. Emanzipation muss anders verlaufen.

Es gibt hierzu eine häufig zitierte Bemerkung von Marx, die ich sehr schön finde: »Kommunismus ist die *wirkliche* Bewegung, welche den jetzigen Zustand aufhebt. Die Bedingungen dieser Bewegung ergeben sich aus der jetzt bestehenden Voraussetzung.«

Ich glaube, das ist der einzige gangbare Weg. Zwar muss sich die gesellschaftliche Alternative, die wir anstreben, radikal vom Bestehenden unterscheiden. Es muss also auch einen voluntaristischen Antrieb geben. Gleichzeitig muss das Neue sich aber im Existierenden vorwegnehmen. Es muss von Mehrheiten gestaltet werden. Nur das zählt: nicht die großen Modelle und Visionen, sondern die Praxis der Menschen, die etwas in Bewegung setzen, etwas anderes erproben. Deswegen sind Phänomene wie die Pariser Kommune – oder um ein Beispiel aus dem Jahr 2006 zu nennen: die Kommune in der mexikanischen 300.000-Einwohnerstadt Oaxaca – so beeindruckend. Sie zeigen, dass die Menschen sich selbst regieren und ihr Leben solidarisch organisieren können.

ELMAR ALTVATER Das ist letztlich auch das, was Ernst Bloch in seinen Überlegungen zur »konkreten Utopie« entwickelt hat. Voluntarismus ist in einer Transformationsstrategie unverzichtbar. Aber das, was voluntaristisch verfolgt wird, muss in den realen Bedingungen angelegt sein. Es geht also nicht nur darum, ein Ziel anzustreben, eine schöne Idee zu haben oder eine Utopie zu entwerfen, sondern auch darum, das in einer Gesellschaft Vorhandene aufzugreifen und sich analytisch und praktisch anzueignen. In diesem Zusammenhang würde ich von einer Dialektik zwischen Analyse und voluntaristischer Utopie sprechen. Die ergibt sich schon daraus, dass wir die Zeitstrecke von der Vergangenheit zur Gegenwart analytisch durchdringen können, denn dafür haben wir wissenschaftliche Methoden. Aber die Zeitstrecke vom heute in die Zukunft lässt sich analytisch nicht ausloten. Da verfolgen wir ein Ziel, haben Ideen, Visionen, Utopien, und für deren Zustandekommen sind wir selbst verantwortlich. Der Ballast des Vergangenen belastet uns, und wir können ihn nicht ungeschehen machen oder einfach abwerfen. Aber wir müssen uns zugleich der Zukunft zuwenden. Nur wenn diese Verbindung auf der Zeitachse von Vergangenheit, Gegenwart und Zukunft gelingt, wird man einigermaßen überzeugend argumentieren können. Denn selbstverständlich muss man überzeugend sein. An einer Veränderung der Gesellschaft werden sich nämlich nur diejenigen beteiligen, denen eine Alternative einigermaßen konkret und realistisch erscheint. Ansonsten bewegen Alternativen niemanden. Und diese Verbindung zweier widersprüchlicher Elemente – des radikal Neuen und des konkret Realistischen – ist natürlich schwierig herzustellen.

Das Problem hat also damit zu tun, dass wir es mit verschiedenen Zeitdimensionen zu tun haben. Die Utopie liegt in der Zukunft: Das »Nirgendwo« ist ein Land, das noch nicht da ist, aber durch unser Handeln realisiert werden soll. Unser Handeln hingegen kann nur im Hier und Heute stattfinden und muss an den vorgefundenen Bedingungen anknüpfen.

RAUL ZELIK Was könnte dieses Handeln sein, das das Neue vorwegnimmt? Ich würde behaupten, es gibt eine ganze Reihe Anknüpfungspunkte, die uns aber möglicherweise ganz unspektakulär erscheinen: zum Beispiel, wenn in sozialen Milieus oder Bewegungen Solidar- anstelle von Äquivalenzprinzipien vorherrschen, wenn Menschen also kooperieren, ohne dafür unmittelbare Gegenleistungen zu erwarten; wenn in Genossenschaften eine Demokratisierung des Arbeits- und Wirtschaftsleben aufblitzt; wenn in Lateinamerika Tausende von Betrieben besetzt sind und von ihrer Belegschaft selbst weitergeführt werden. Ja, es gibt sogar völlig institutionalisierte Fallbeispiele, die von Interesse sind. Im Ruhrgebiet etwa sind Wasser- und Stadtwerke genossenschaftlich organisiert. Hier geht es weder um privatkapitalistische Gewinnmaximierung noch um Staatseigentum. Oder die Kinderladenbewegung, die in den 1970er Jahren überall in Deutschland entstand: selbst verwaltete Strukturen der Grundversorgung.

Ich will sagen: Es wird oft so getan, als sei die nicht kapitalistische, kooperative, solidarische Welt ein Hirngespinst. Die kooperative, zumindest potenziell solidarische Welt ist aber die ganze Zeit da. Sie ist sogar die Grundlage dafür, dass Markt und Kapitalismus überhaupt funktionieren. Ohne Kooperation, Solidarprinzipien, gegenseitige Pflege, Gemeinschaftlichkeit gäbe es uns und auch den Kapitalismus nicht. Das menschliche Dasein beruht darauf. Setzen wir also genau das konsequenter um und nutzen die Möglichkeiten der Kooperation. Drängen wir die Märkte, die Konkurrenz, die Klassenverhältnisse, das Privateigentum zurück – und stärken Praktiken der Solidarität.

ELMAR ALTVATER Ich würde zunächst einmal ganz traditionell sagen, dass es darum geht, Zustände anzustreben, in denen der Mensch kein geknechtetes und entwürdigtes Wesen mehr ist und sich voll entfalten kann. Nehmen wir das als Utopie, auf die wir zustreben wollen. Dann kommen sicherlich alle Punkte zur Geltung, die Sie angedeutet haben: die Entfremdung, die durch Marktmechanismen zwischen den Menschen entstehen, der Fetischcharakter des Geldes usw. Und wir sehen die Bewegungen dagegen, zum Beispiel die erwähnte Kinderladenbewegung, an der ich selbst beteiligt war. Einerseits handelt es sich dabei um Selbsthilfe, weil die öffentlichen Kindergärten schlecht und unzureichend waren; andererseits sind es Experimente mit neuen sozialen Formen, die viel vorwegnehmen können von einer noch zu schaffenden neuen Gesellschaft. Wie schwer dieser Anspruch einzulösen ist und wie schnell man daran scheitern kann, zeigt die Kinderladenbewegung sehr deutlich.

Muss man den Markt, das Geld abschaffen? Ich glaube, dass das zunächst gar nicht möglich ist. Markt und Geld haben, gerade auch wegen ihres Fetischcharakters, etwas Entlastendes. Man muss nicht jede einzelne Entscheidung miteinander bewusst abstimmen. Der Marktmechanismus übernimmt alltägliche Entscheidungen. Außerdem hat es Märkte auch schon vor dem Kapitalismus gegeben. Ich weiß nicht, ob wir im Kommunismus die Warenproduktion und damit auch den Markt abschaffen können. Und ich denke, das ist auch keine Frage, die wir heute beantworten müssen.

Es gibt andere, im Moment wichtigere Themen. Zum Beispiel: Wie verhält es sich mit dem Zugang zu öffentlichen Gütern? Wird das mit Eintrittsgeld geregelt, wie es heute zumeist der Fall ist, oder gibt es andere Möglichkeiten der Regelung? Darauf müssen wir Antworten finden, denn viele Güter der »natürlichen Allmende« sind begrenzt. Wald, Wasser, Land, Luft – all das steht immer weniger und in schlechterer Qualität zur Verfügung. Bei der Atmosphäre ist das besonders deutlich. Wir können sie nicht weiter mit CO_2 belasten, wenn wir keine Katastrophe herbeiführen wollen.

Das gehört also zur Emanzipation dazu: Wir müssen Nutzungsregeln vereinbaren, Einschränkungen festlegen und diese manchmal auch mit der Androhung von harten Strafen bewehren. Ganz Ähnliches gilt auch für die Produktion, die Art und Weise, wie wir arbeiten, für die Mobilität, die wir benötigen – denn manche Mobilität benötigen wir auch gar nicht. Darüber müssen wir uns in der Gesellschaft demokratisch verständigen. Und Sie sehen schon: Meine Utopie ist eine regulierte Utopie. Ich glaube, es geht auch nicht anders, als dass wir mit Regeln operieren. Einfach deshalb, weil die Natur mittlerweile eine Grenze darstellt. Wir können sie nicht weiter belasten, ohne uns und die Mitwelt zu schädigen, ja zu gefährden. Ernst Bloch hat in seinem großen Werk über die Utopie die Autoren Thomas Morus und Tommaso Campanella verglichen, den Freiheitsutopisten und den Ordnungsutopisten. Ich denke, beide haben recht. Wir brauchen die größtmögliche Freiheit. Aber diese braucht einen politischen Ordnungsrahmen, der sich in Regeln ausdrückt.

RAUL ZELIK Sie sagen, Markt und Warenproduktion lassen sich nicht einfach aufheben. Wenn ich Sie richtig verstehe, wäre es heute zu utopisch, sie abzuschaffen. Sie sind zu stark in unseren Alltag, die Geschichte eingebettet. Gleichzeitig hat aber auch Ihr Vorschlag etwas sehr Utopisches. Denn wer könnte der Träger jener Regeln sein, von denen Sie sprechen? Viele Regeln können heute nicht mehr nationalstaatlich umgesetzt werden. Wenn es um die Natur, aber auch um Arbeitsrechte geht, ist ein globaler Ordnungsrahmen vonnöten. Für solche globalen Vereinbarungen aber gibt es kein Forum. Wir haben keine globale demokratische Öffentlichkeit, keine handlungsfähige globale Instanz. Das Kapital hat mit der Globalisierung den Rahmen der politischen Regulation gesprengt.

ELMAR ALTVATER Ja, das ist das große Problem, mit dem wir es heute zu tun haben. Wir müssen Folgendes sehen: Jener sympathische Anarchismus – der »wir brauchen keinen Staat« sagt, der ohne Regeln auskommen will, abgesehen von denen, die aus uns selbst herauskommen –, dieser Anarchismus reicht heute nicht mehr aus. Wahrscheinlich war er nie ausreichend. Schauen wir, wie das bei John Locke im 18. Jahrhundert geregelt war. Locke hatte die Vorstellung, die Menschen seien naturrechtlich, also »von Natur aus«, frei. Sie haben die Möglichkeit zu arbeiten, können sich mit ihrer Arbeit Natur aneignen und können behalten, was sie mit ihrer Arbeit erschaffen. Sie erzeugen Eigentum, das sie zu freien Menschen und nebenbei auch zu politischen Subjekten einer Gesellschaft macht. Bei Lockes Perspektive bleibt selbstverständlich das Gender-Verhältnis außen vor, weil nur der Mann zu einem politischen Subjekt wird und nicht die Frau, die zu Hause arbeitet. Auch die Klassenfrage findet keine Berücksichtigung, denn was der Knecht erschafft, gehört bei Locke dem Herrn. Aber gut, darüber wollen wir jetzt einmal hinwegsehen. Das Entscheidende ist nun, dass auch Locke eine Begrenzung einzieht. Locke sagt nämlich, dass privates Eigentum nur so lange erarbeitet werden kann, wie wir andere nicht daran hindern, sich aus der gleichen Natur auch Eigentum durch Arbeit anzueignen. Wenn es da zu Interferenzen kommt, ich mir also etwas aneigne und einen anderen daran hindere, das Gleiche zu tun, dann brauche ich äußere Regeln. Angesichts der viel beschränkteren Natur ist das heute natürlich erst recht so. Das heißt, eine Utopie findet ihre Restriktionen in der Natur, in der alles menschliche Leben und Handeln stattfindet. Dem kann man nur Rechnung tragen, indem Regeln der Naturbeherrschung aufgestellt werden.

Das hat es eigentlich auch immer gegeben. Indigene Gesellschaften etwa kannten auf Traditionen beruhende Regeln des Umgangs mit Wasser und Land, mit dem Wald und den Tieren in ihm. Die Regeln hatten stets mehr oder weniger despotischen Charakter. Man gab diese Regeln in Form des Sakralen weiter. Bestimmte Elemente der Natur, Bäume etwa, waren heilig und durften nicht angerührt werden. Es wurden also Schutzmechanismen der Natur eingezogen, die die Gesellschaft akzeptierte, weil sie von ihr selbst hervorgebracht wurden. Auch dieser soziale Prozess gehört zu einer Utopie.

Es ist richtig, dass es heute nur schwache soziale Kräfte gibt, die das dominante ökonomisch-politische Regelwerk, und dann auch noch auf globaler Ebene, ändern könnten. Aber immerhin gibt es die »Sozialforumsbewegung« um das Weltsozialforum herum. Das ist keine einheitliche Bewegung, aber immerhin ein Forum, auf dem das gewissermaßen institutionalisiert ist, was wir hier diskutieren: die Vermessung und Realisierung von Utopien.

RAUL ZELIK Was Ihren positiven Bezug auf den Staat angeht, würde ich teilweise widersprechen: Staaten sind,
wie Sie besser erläutern könnten als ich, immer auch
Herrschaftseinrichtungen. Emanzipationsbewegungen
können sich deswegen nicht ungebrochen auf sie beziehen. Andererseits würde ich zustimmen, dass eine »Politik von oben« unverzichtbar ist, um Rahmenbedingungen für eine gesamtgesellschaftliche Transformation zu
schaffen. Erst dadurch wird die Tür zu einer anderen
Gesellschaft aufgestoßen.

Sprechen wir also über konkrete Politikansätze. Über
die übergeordneten Ziele dürften sich, zumindest auf dem
Papier, die meisten einig sein: a) Die Grundbedürfnisse
der Menschen nach Gesundheit, Ernährung, Wohnen
und Bildung müssen global sichergestellt werden, b) die
Produktion muss so umgestaltet werden, dass die Natur
bewahrt wird, und c) das unerfüllte Demokratieversprechen muss eingelöst werden: Partizipation, Zugang
zu Medien etc. In jedem UN-Bericht wird man solche
Forderungen finden.

Es ist nun klar, dass der Markt die oben formulierten
Ziele von sich aus nicht umsetzt, nicht umsetzen kann.
Kapitalvermehrung und Gewinn haben mit Ökologie, Demokratie und allgemeiner Wohlfahrt erst einmal nichts
zu tun. Also – und auch das erkennen die meisten an,
wenn sie von der Notwendigkeit der »politischen Regulation« sprechen – müssen Formen der bewussten politischen Kooperation entwickelt werden.

Wenn es jetzt allerdings darum geht, diese Überlegungen in konkrete Praxis umzusetzen, dann gerät man
natürlich sofort auf das Feld widerstreitender Interessen, also auch von Klassengegensätzen. Und deswegen

beginnt hier der Streit. Ich würde nun behaupten, dass es im Augenblick um Folgendes geht:

1) Die Grundversorgung des Menschen – also mindestens Gesundheit, Bildung, Trinkwasser, Energie – darf nicht in privater Hand sein und muss in Gemeineigentum überführt werden. Dabei ist Gemeineigentum nicht identisch mit staatlichem oder kommunalem Eigentum. Aus demokratischer Perspektive interessanter und vielleicht auch ökonomisch effizienter sind genossenschaftliche oder gemeinschaftliche Eigentumsformen. Im Gesundheitswesen könnte beispielsweise ein erster konkreter Schritt im Aufbau einer demokratisch – von Gesundheitsarbeitern und Patienten – verwalteten Bürgerversicherung bestehen, in die alle Menschen gemäß ihrem Einkommen einzahlen.

2) Sie haben festgestellt, dass es die Armut nicht ausgemerzt werden kann, ohne den Reichtum zu mindern, und zwar angesichts der schon obszönen Ausmaße der Ungleichheit in der Welt erheblich. Nötig wäre also eine konsequente Rückkehr zur progressiven Einkommenssteuer, zur Unternehmens- und Vermögensbesteuerung, wie sie die rotgrüne Regierung in Deutschland zurückgefahren hat. Das schafft fiskal- bzw. sozialpolitische Spielräume und entschärft die sozialen Destruktivität des Kapitalismus.

3) Die Industriekonzerne, für deren Rettung zurzeit die Allgemeinheit aufkommt, müssen in die Hände von Belegschaften und Gesellschaft übergehen. Bei der Rettung beispielsweise von Opel oder der Hypo Real Estate wird mit dem gesellschaftlichen Nutzen der Unternehmen argumentiert. Das eigentliche Interesse der Gesellschaft besteht aber darin, Arbeit und Produktion so zu

gestalten, dass das allgemeine Wohlbefinden steigt. Bei einer Rettung von Unternehmen muss es daher darum gehen, die Produktion nach ökologischen und sozialen Kriterien zu verändern und demokratische Strukturen innerhalb der Unternehmen auszubauen.

4) Da Demokratie und Kooperation zentrale Kennzeichen jedes aufgeklärten Gemeinwesens sind, muss man auch gezielt in diese Richtung gestalten. Das heißt: öffentliche Förderung jener Initiativen, in denen Arbeit und Produktion demokratisch-solidarisch organisiert werden. Anstatt mit neuen Überwachungstechniken im Internet den Copyright-Wahnsinn voranzutreiben, könnte sich der Staat beispielsweise darauf konzentrieren, die Produktion von commons, also digitalen Gemeingütern, zu fördern. Er könnte systematisch jene Vereine, Netz-Communities und Genossenschaften unterstützen, die – wie die Open-Source-Bewegung – allgemein zugängliche Güter in nicht kommerzieller Kooperation zur Verfügung stellen. In manchen Bereichen passiert das ja auch bereits – zum Beispiel, wenn nicht gewinnorientierte Träger von Kindertagesstätten Zuschüsse erhalten.

5) Bruch mit den Wachstumskennziffern und Einführung von alternativen ökonomischen Kennziffern, die gesellschaftlichen Nutzen umfassender darstellen. Sie haben zwar schon darauf hingewiesen, dass man dadurch die realen Wirtschaftsstrukturen noch lange nicht verändert. Aber immerhin könnte man so eine Diskussion über andere Entwicklungsziele eröffnen.

6) Schluss mit dem Fetisch Lohnarbeit. Es geht nicht darum, Arbeitsplätze zu bewahren. Das Ziel lautet vielmehr: Neuverteilung der Arbeit, Senkung der Arbeitszeiten, faire Verteilung unangenehmer Tätigkeiten, ökono-

mische Absicherung für alle. Dabei wäre zu diskutieren, ob so eine Absicherung dem Modell Grundeinkommen – also negative Einkommenssteuer – folgt, wie das auch von Unternehmern wie dem DM-Chef Götz Werner vertreten wird, oder aber bedarfsabhängig gezahlt wird, was wieder eine Sozialbürokratie nach sich zöge.

ELMAR ALTVATER Sympathisch am Modell des Grundeinkommens ist, dass es die Sozialbürokratie überflüssig machen und zugleich den von Arbeitslosigkeit betroffenen Menschen eine würdevolle Existenzsicherung gewähren würde. Dabei hängt allerdings alles von der Höhe des Grundeinkommens ab, und zwar absolut wie relativ. Es wird gegen das Grundeinkommen immer eingewandt, es verringere den Anreiz zum Arbeiten. Richtig an dem Argument ist, dass wir auch Mindestlöhne durchsetzen müssen und auf ein Verhältnis zwischen Mindestlohn und Grundeinkommen achten müssen. Dabei dürfen die Löhne nicht so niedrig sein, dass das Grundeinkommen zur Lohnsubventionierung dient. Wir brauchen beides: das Grundeinkommen und den Mindestlohn.

RAUL ZELIK Ich behaupte nun, dass es für diese oder ähnliche Forderungen gesellschaftliche Mehrheiten gibt oder geben könnte. Sie sind nicht »utopisch«. Der Kapitalismus wäre danach immer noch Kapitalismus.

ELMAR ALTVATER Für einige dieser Punkte gäbe es wohl eine breite Zustimmung, bei anderen sind die Vorstellungen sehr unterschiedlich. Sie hängen auch von der jeweiligen politischen Konjunktur ab. Als die Finanzmärkte noch nicht in der Krise waren, haben sich fast alle, von Schwarz über Gelb bis Grün und Rosarot, für die Privatisierung der Altersvorsorge ausgesprochen, wie sie mit der Riester-Rente ja auch umgesetzt wurde. Heute sieht man, dass das nicht funktioniert. Die Altersversorgung von Millionen Menschen kann sich bei einem Crash der Finanzmärkte in Luft auflösen. Und so gibt es jetzt auch in der Sozialdemokratie wieder kritischere Stimmen dazu, wie eine Alters- oder Gesundheitsvorsorge organisiert werden sollte. Dass es zu solchen Krisen kommt, haben viele Leute bis vor wenigen Jahren nicht wahrhaben wollen. Man war der Meinung, solche Krisen spielten keine Rolle mehr, weil die Märkte und die Politiker von 1929 gelernt hätten.

Es mag also stimmen, dass einige der von Ihnen formulierten Punkte auch jenseits der Linken auf Zustimmung stoßen. Das ist natürlich gut. Man muss aber auch deutlich machen, worin das transformatorische Potenzial solcher Forderungen bestehen soll, und wo ihre Grenzen innerhalb des institutionellen, systemischen Zusammenhangs verlaufen. Denn Forderungen nach öffentlicher Grundgüterversorgung oder nach Mitbestimmung stellen, wie Sie richtig angemerkt haben, den Kapitalismus nicht infrage. Im Gegenteil, sie können dazu beitragen, ihn erfolgreich zu modernisieren. Es geht deshalb erstens darum, dass die Veränderungen, für die man sich einsetzt, auf das Interesse der Betroffenen stoßen und von diesen auch selbst in die Hand genommen werden. Zweitens dürfen solche Vorschläge nicht an äußeren Beschränkungen scheitern, etwa an der Funktionsweise der Finanzmärkte. Und drittens muss man dafür sorgen, dass sich das Potenzial auch transformatorisch entfalten und in politische Macht umsetzen kann.

Ohne politische Macht sind solche Forderungen ja völlig belanglos. Anders als John Holloway in seiner bekannten Schrift meinte, kann man die Welt wohl nicht

verändern, »ohne die Macht zu ergreifen«. Das Wort
der Zapatistas, auf das sich Holloway stützt – »fragend
schreiten wir voran« –, ist außerordentlich anrührend
und sympathisch. Aber man kann sich nicht der brutalen
Herausforderung verschließen, die auf Transparenten der
mexikanischen Bundesregierung an den aus Mexico-City
herausführenden Autobahnen zum Ausdruck gebracht
wurde: *»¡Pavimentando avanzamos!«* – »Asphaltierend
schreiten wir voran!« Das ist der Hohn der Mächtigen
über die Ohnmächtigen. Wir erkennen die Bedeutung
der Machtfrage auch bei so läppischen Geschichten wie
der Begrenzung der Managergehälter. Es ist bemerkenswert, was für einen Widerstand die Repräsentanten des
Kapitals hier leisten, mit welcher Unverschämtheit sie
ihre Interessen wahrnehmen. Auch nur die kleinste vernünftige Veränderung, die wahrscheinlich von 90 Prozent
der Bevölkerung unterstützt würde, muss offensichtlich
hart erkämpft werden.

Der wichtigste Aspekt an solchen Forderungen – Sie
haben das Politikansätze genannt – ist die Frage nach
der Macht, der es bedarf, um sie durchzusetzen. Diese
Macht kann man nicht kaufen. Sie muss in einem sozialen Prozess entwickelt und erkämpft werden. Auf lo-
kaler Ebene vor Ort, aber in Zeiten der Globalisierung
auch im globalen Raum.

RAUL ZELIK Das also ist das Hauptproblem: Es gäbe durchaus
Gegenvorschläge dafür, wie sich auf die Krise reagieren
lässt. Doch die Unterstützung für ein solches Projekt,
die notwendige gesellschaftliche Macht, lässt sich unter
den gegebenen Bedingungen kaum mobilisieren. Reform-
forderungen erscheinen heute ähnlich unerreichbar wie
der abstrakte Ruf nach Revolution. Wenn wir die höhere

Besteuerung von Unternehmen und Vermögensbesitzern ins Gespräch bringen – eine ganz harmlose Reform, lange Zeit gab es ja derartige Regelungen –, wird sofort erwidert, dass es dann zur Abwanderung von Unternehmen und zum Einbruch der Wachstumsraten käme …

ELMAR ALTVATER … die vermeintlichen Sachzwangargumente, mit denen der Status quo verteidigt wird …

RAUL ZELIK Bei diesen Argumenten geht es letztlich um spezifische Interessen. Dennoch sind die Probleme in gewisser Weise real. Die Länder Lateinamerikas, in denen man in den vergangenen Jahrzehnten Reformpolitik zu machen versuchte – in Europa hat das ja schon länger niemand mehr ernsthaft getan –, waren alle mit solchen Phänomenen konfrontiert: Kapitalflucht, Versorgungsengpässe, De-Investition, politische Krisen …

Eine Beschränkung kapitalistischer Märkte provoziert Widerstand. Und für jene, die Unternehmen kontrollieren, ist es naheliegend, solchen Widerstand als wirtschaftliche Krise erscheinen zu lassen.

ELMAR ALTVATER Ich denke, man sollte erst einmal nachvollziehen, wie die vermeintlichen Sachzwänge zustande kommen: Sie werden systemisch in Form von Regeln erzeugt und als äußere Schranke etabliert, um so auf Veränderung abzielende Interessen zu blockieren. Solche Sachzwänge sind deshalb sehr funktional für ein Herrschaftssystem. Sie scheinen einen neutralen Charakter zu besitzen, von außen zu kommen, nicht aus dem System selbst zu stammen.

Der neoliberale Ökonom Friedrich August von Hayek hat die politische Konstruktion von Sachzwängen ausdrücklich propagiert. In seinem Buch *Road to Serfdom*, das oft als Grundlage der Regierungsprogramme von Margaret That-

cher und Ronald Reagan bezeichnet wird, schreibt Hayek
1944, dass man eine bestimmte ökonomische und politische
Ordnung im Inneren am besten durch zwischenstaatliche
Verträge garantiert, in denen Regierungen beispielsweise
marktradikale Regelungen vereinbaren. Auch wenn eine
linke Regierung gewählt würde, wäre diese dann gezwungen, die eingeschlagene Politik fortzusetzen – es sei denn,
sie wäre bereit, internationale Verträge zu brechen, was
wiederum ein Eingreifen von außen, im Extremfall auch
militärischer Natur, nach sich ziehen könnte.

Hayeks Vorschlag stammt aus den 1940er Jahren, als
die Neoliberalen noch fürchteten, sozialistische Regierungen könnten in Westeuropa an die Macht kommen und
die marktradikale Ausrichtung von Politik und Wirtschaft
rückgängig machen. Sogenannte Sachzwänge sind also auch
als Instrumente der Macht- und Hegemoniebildung zu sehen: Sie dienen dazu, Überzeugungen durchzusetzen oder
sie als unvermeidlich, als natürlich zu etablieren.

RAUL ZELIK Aktuellere Beispiele sind der europäische Sta-
bilitätspakt oder die »Schuldenbremse«, mit der die
CDU-SPD-Koalition Mitte 2009 das Verbot von Neu-
verschuldungen ins Grundgesetz aufgenommen hat. Für
viele Kommunen bedeutet das, dass sie ihre Sozialleis-
tungen faktisch einstellen und sich vollends den Großunternehmen ausliefern müssen, von deren Gewerbesteu-
er sie abhängig sind. Bemerkenswerterweise ging beides
weitgehend ohne Proteste vonstatten.

ELMAR ALTVATER Im Falle der EU hat der 2009 verstorbene
britische Marxist Peter Gowan von einem »Hayek'schen
Gebilde« gesprochen. Die »Mehrebenenpolitik« erlaubte
es den Regierungen der Mitgliedsstaaten, EU-weit gültige
Regelungen zu beschließen, die durch Kommission und

Ministerrat zu Direktiven wurden, die dann wiederum in nationales Recht umgesetzt werden mussten. Dagegen war Widerstand kaum noch möglich.

Das von Ihnen angesprochene Beispiel der »Schuldenbremse« kann nur als Ausdruck kollektiver Verblödung verstanden werden. Wahrscheinlich gab es dagegen keine Proteste, weil alle wissen, dass diese Bremse sowieso nicht funktionieren wird. Wie denn auch, wenn die gleichen Parteien, die die Bremse beschließen, die Steuern senken wollen und die Staatsausgaben mit Bankrettungsfonds und Konjunkturpaketen erhöhen müssen? Diese politische Konzeptionslosigkeit erinnert an die Haltung mittelalterlicher Alchimisten, die Gold in der Retorte machen wollten.

RAUL ZELIK Aber auch ohne politisch organisierte Sachzwänge führen grundlegende Veränderungen, wie wir sie angedeutet haben, erst einmal zu Krisen. Sie bringen eingespielte Abläufe durcheinander. Gäbe es beispielsweise eine Demokratisierung in Betrieben, dann würde die Wirtschaftsleistung sinken. Der Gewinn an Partizipation ginge wohl mit materiellen Einbußen einher.

ELMAR ALTVATER Das muss nicht sein. Solche Reformen geben dem Kapitalismus ja auch neuen Schub. Das deutsche Mitbestimmungsmodell hat viele Jahre recht deutlich gezeigt, dass Partizipation die Produktivität erhöht. Das war auch immer das Argument für die sozialpartnerschaftlichen Beziehungen: dass sie nämlich eine Produktivkraft darstellen und die »Konkurrenzfähigkeit« des »Standortes Deutschland« erhöhen.

RAUL ZELIK Dann gibt es zwei Szenarien: Entweder rufen Veränderungen Widerstand und Krisen hervor, oder aber sie werden integriert, wirken modernisierend und tragen zur Verfestigung einer Herrschaftsordnung bei.

ELMAR ALTVATER Das ist das Dilemma konkreter Politik. Wenn die Leute zufriedener sind, weil sie mehr mitreden können, besser und vielleicht auch mehr produzieren, ohne sich dabei kaputt zu machen, dann erhöhen sich ihre Arbeits- und ihre politische Zufriedenheit. Da kann man dann nicht einfach sagen: Das wollen wir nicht. Auf diese Weise würde man sich ja gegen die Interessen der Leute selbst positionieren. So ließe sich eine über den Kapitalismus hinausweisende Utopie nicht konkretisieren.

Sicherlich geht es im Rahmen einer transformatorischen Strategie darum, immer einen Schritt weitergehen zu wollen, die inneren Widersprüche des Systems aufzuzeigen, derartige Widersprüche vorherzusagen. Aber man kann kaum argumentieren, dass Mitbestimmung schlecht ist, weil sie die Menschen stärker in den Herrschaftszusammenhang einbindet. Man kann feststellen, dass diese Mitbestimmung ungenügend ist, dass es sich vielleicht nur um eine formale Mitsprache handelt. Aber das, was als Verbesserung empfunden wird, gilt es auch als solche zu erkennen und anzuerkennen.

Hier haben wir es im Übrigen mit dem alten Dilemma der reformistischen Arbeiter- und Gewerkschaftsbewegung zu tun: Wenn reformistische Politik erfolgreich ist, kommt es auch darauf an, die Erfolge institutionell abzusichern. Die Folge ist die »Institutionalisierung des Klassenkonflikts«, wie es der liberale Soziologe Ralf Dahrendorf genannt hat, und damit seine Bändigung. Das ist der »Eintritt der Massen in den Staat«, und damit eine Befriedung der sozialen und politischen Auseinandersetzungen. Das Problem ist, dass viele dieses Dilemma gar nicht mehr wahrhaben wollen, sondern sich mit kleinen Errungenschaften zufriedengeben. Ich würde hingegen vertreten,

dass man den Wert solcher Veränderungen schätzen, aber
darüber hinaus versuchen sollte, aus den Verbesserungen
der Lage weitere transformatorische Schritte abzuleiten.
Ich denke, das ist möglich. Es ist insbesondere in der gegenwärtigen schweren Krise notwendig.

RAUL ZELIK Von den Mainstream-Medien wird heute mit
großer Süffisanz bemerkt, dass die Linke von der Krise
nicht profitiert, sich nicht mit eigenen Vorschlägen pro-
filieren kann. Wir hingegen haben behauptet, dass es
durchaus ein Gegenprojekt gibt: Es gilt, die Märkte zu
begrenzen und zurückzudrängen, eine unmittelbare Demokratisierung von Gesellschaft und Arbeit einzuleiten,
gesellschaftliche Kontrolle über Produktion, Verteilung,
Konsum, Finanzmärkte zurückzuerlangen, eine Verschiebung hin zu gesellschaftlichem Eigentum in Gang
zu setzen, eine ökologische Umgestaltung der Ökonomie zu erzwingen. Anders ausgedrückt: Es fehlt nicht
an Ansatzpunkten, sondern an Konfliktbereitschaft. Sie
haben es ja schon gesagt: Eine Utopie bedarf der Macht,
der Gegen-Macht.

ELMAR ALTVATER Ja. Sozialpolitik kann man nicht einfach
mit Geldtransfers machen, sondern man muss dafür –
etwas emphatisch gesprochen – Massen mobilisieren.
Ohne soziale Mobilisierung, ohne die Bildung von Koali-
tionen, die das von unten durchsetzen, ohne ein Projekt,
das verschiedenste Gruppen integriert, funktioniert das
nicht. Das kann man heute in Lateinamerika beobachten,
aber das ist natürlich auch eine europäische Erfahrung.
Selbst die primitivsten Hygieneregeln bei der Arbeit –
dass man sich zum Beispiel in der Arbeitszeit die Hände
waschen durfte – mussten der Kapitalseite im 19. Jahrhundert abgerungen und aufgeherrscht werden. Bekannt

sind auch die Beschreibungen der Arbeitsverhältnisse in der US-amerikanischen *new economy*, in der Hochtechnologieprodukte hergestellt wurden, die Kassiererinnen im Supermarkt aber mit Windeln an der Kasse standen, weil es ihnen untersagt war, während der Arbeitszeit zur Toilette zu gehen. Die Lehre ist brutal und eindeutig: Ohne Kämpfe keine Veränderung. Die Kämpfe selbst können nur erfolgreich sein, wenn sie auf verschiedenen Ebenen geführt und verschränkt werden. Kämpfe am Arbeitsplatz bis zum politischen Streik.

RAUL ZELIK Wir haben jetzt über politische Forderungen gesprochen, die letztlich vom Staat umgesetzt werden müssen. Andere Steuermodelle, die Rückführung der Grundversorgung in Gemeineigentum – all das geht, auch wenn wir nicht von Staatseigentum sprechen, wohl nur mit dem Staat. Nun sind Staaten, wie erwähnt, aber Einrichtungen der Herrschaft. Auch in sozialistischen Gesellschaften, in denen der Staat ja »absterben« sollte, ist es nicht gelungen, diesen Herrschaftscharakter zu verringern. Im Gegenteil: Der sozialistische Staat zeichnete sich sogar durch besonders umfassende Herrschaftspraktiken aus. Es gibt also einerseits keinen Grund, sich positiv auf den Staat zu beziehen. Andererseits ist aber auch deutlich, dass politische Auseinandersetzungen, also das Ringen um Hegemonie, im Staat ausgefochten werden. Veränderungsprozesse finden gezwungenermaßen auch im und mit dem Staat statt. Daraus ergibt sich für Emanzipationsbewegungen ein komplexes Verhältnis, nämlich *gegen*, *mit* und *im* Staat.

ELMAR ALTVATER Dem stimme ich voll zu. Ich erinnere mich auch an den kurzen Aufsatz, den Sie vor einigen Jahren über lateinamerikanische Genossenschaften veröffent-

licht haben und der genau diesen Titel trug. Sie haben
dort die Vielschichtigkeit beschrieben, mit der Bauern-
und Genossenschaftsbewegungen im Grenzgebiet von
Kolumbien und Venezuela eigene Solidarstrukturen aufbauen. Manchmal geht das nur im Widerstand gegen den
Staat, manchmal nur in ihm; und bisweilen fällt beides
zusammen. Obwohl kolumbianische Kleinbauernorga-
nisationen den Staat als Gegner betrachten, haben sie
nicht darauf verzichtet, in den regionalen Staatsstruk-
turen Druck auszuüben, damit eigene Projekte von För-
derprogrammen profitierten. Wie man vorgeht, lässt sich
immer nur situationsabhängig entscheiden.

Mir scheint völlig klar, dass der Staat eine Arena der
Auseinandersetzung ist. Das ist er vor, aber auch nach
dem »Eintritt der Massen in den Staat«, vor und nach
der »Institutionalisierung« sozialer Konflikte. Es ist eben
nicht so, dass auf der einen Seite eine Gesellschaft existiert, in der Auseinandersetzungen ausgetragen werden,
und dass ein Akteur, wenn er dabei erfolgreich ist, den
Staat übernimmt und als Instrument einsetzt. Das war
die Vorstellung der historischen Sozialdemokratie und
wahrscheinlich auch ihr größter Irrtum. Sie ging davon
aus, dass die Arbeiterklasse die Mehrheit der Bevölkerung stellt, dass diese Mehrheit in einer Demokratie die
Regierung bestimmen und sich dann des Staates, der
ja schon als Machtinstrument organisiert ist, bedienen
könne, um eine planende Umgestaltung der Wirtschaft
vorzunehmen.

Dieses instrumentalistische Staatsverständnis war politisch fatal. Es ist deshalb ein beträchtlicher analytischer
Fortschritt, wenn man den Staat in der Tradition des italienischen Philosophen und Politikers Antonio Gramsci

als eine Arena der sozialen Auseinandersetzungen interpretiert. Staat und Gesellschaft sind nach Gramsci nicht
klar voneinander zu trennen. Sie gehen ineinander über,
bilden den »erweiterten Staat«, in dem es um die Macht
geht, um die Bildung eines hegemoniefähigen »historischen Blocks«.

RAUL ZELIK Wobei meistens vergessen wird, dass die Akteure in dieser Arena nicht gleichberechtigt miteinander
ringen. Der Staat garantiert die ungleiche Verteilung der
Mittel. Er formuliert formal gleiche Rechte, sichert privilegierten Gruppen aber größere Möglichkeiten, diese
Rechte – beispielsweise die Meinungsfreiheit, die Möglichkeit, auf parlamentarische Politik einzuwirken etc. –
auch auszuüben.

ELMAR ALTVATER Das liegt auf der Hand: Zum Beispiel die
Polizei – die einen haben sie, die anderen haben sie nicht.
Gleichberechtigt ist das nicht. Aber alle Subjekte haben dafür ihre spezifischen Stärken. Wenn das nicht der
Fall wäre, könnte man von vornherein aufgeben. Innerhalb der Auseinandersetzungen kommt es ja nicht nur
auf den repressiven Staatsapparat an, also auf die Frage,
wer Polizei und Armee kontrolliert. Nein, es geht immer
auch um Legitimität. Dieser Begriff spielt bei Max Weber nicht umsonst eine so zentrale Rolle. Und es geht um
Konsens. Ein Staatsapparat, der sein Monopol der Ge-
waltmittel sehr repressiv einsetzt, ist meistens nicht viel
wert. Er verfault von innen her. Wenn der Konsens ab-
handen kommt, ist der Staatsapparat nicht mehr richtig,
das heißt, zur Untermauerung der Hegemonie, zur Stärkung der Macht einsetzbar. Eine Bewegung, der es gelingt,
den herrschenden Konsens zu unterminieren und einen
neuen Konsens über zentrale Fragen der Arbeit, des Le-

bens, des Geldes, der Natur zu organisieren und auf diese Weise Hegemonie zu entwickeln, kann deshalb stärker sein als jeder Repressionsapparat. Und das ist die Chance oppositioneller Bewegungen. Das Ringen um Hegemonie erfolgt unter anderem auf intellektuellem Terrain, aber auch durch sozialstaatliche Praxis, genossenschaftliche Organisation, Solidarpraktiken usw.

RAUL ZELIK Der Staat ist eine Arena, ein Feld der Auseinandersetzungen. Nun hat die Definitionshoheit der Nationalstaaten, wie wir festgestellt haben, in den vergangenen Jahren deutlich abgenommen. Nicht nur, weil der Staat durch den Neoliberalismus politisch zurückgedrängt worden ist, sondern auch, weil sich Beziehungen und Realitäten faktisch globalisiert haben. Nationalstaaten können auf viele Prozesse nur noch indirekt Einfluss nehmen. Wir haben es also mit einer Arena zu tun, in der überhaupt nur noch beschränkt entschieden wird.

ELMAR ALTVATER Es ist eine paradoxe Situation entstanden. Die Staaten haben selbst jene Grenzen dereguliert, die ihnen Einflussnahme ermöglichten. Sie haben Märkte liberalisiert, die sie, wie ein ehemaliger Chef der Deutschen Bank, Rolf Breuer, meinte, »ins Schlepptau nehmen«. Er ging sogar noch weiter und meinte, neben den drei traditionellen Gewalten der Legislative, Exekutive, Judikative und der »vierten Gewalt« der Medien sei die »fünfte Gewalt« der globalisierten Finanzmärkte entstanden, die nun die Politik bestimmen würde. Hans Tietmeyer, ehemals Präsident der Bundesbank, fügte hinzu, das sei auch gut so. Die Herrschaft des *demos* in einer Demokratie wird durch die Herrschaft der globalen Finanzen ausgetauscht.

Es ist richtig, dass sich viele Fragen nur noch auf supranationaler oder globaler Ebene entscheiden lassen. In

Europa haben wir in mancher Hinsicht mittlerweile eine europäische Staatlichkeit. Es sind verschiedene Schichten von Staatlichkeit, die sich gegenseitig durchdringen. Der Nationalstaat ist aber durch die Globalisierung nicht verschwunden, und vieles, so etwa die Sozialpolitik, findet nach wie vor auf der nationalstaatlichen Ebene statt. Infolgedessen finden auch die Auseinandersetzungen innerhalb dieser »Mehrebenenstaatlichkeit« statt.

Auf der Ebene des Nationalstaats ist es oft leichter, Auseinandersetzungen auszutragen. Auf europäischer Ebene gibt es Sprachprobleme, Mobilitätsschranken. Eine europäische Demonstration ist sehr viel aufwendiger zu organisieren als eine nationalstaatliche oder regionale. Noch komplizierter ist es auf globaler Ebene. Die Internationalisierung von Bewegungen und einer kritischen Öffentlichkeit ist ein ziemlich neues Phänomen. Die Weltsozialforen gibt es erst seit wenigen Jahren. Das Kapital hingegen macht das schon lange. Die sogenannten Bilderberg-Konferenzen – internationale Treffen von Eliten aus Politik und Wirtschaft – finden seit den 1940er Jahren statt. Das *World Economic Forum* in Davos hat seine Ursprünge in den 1960er und frühen 1970er Jahren. Die Antwort darauf, das Weltsozialforum, stammt erst aus dem Jahr 2001, sprich: aus dem 21. Jahrhundert.

RAUL ZELIK Bleiben wir beim Staat. Wir sind uns darin einig, dass eine emanzipatorische Bewegung zwar gegen den Staat antreten, dies irgendwann aber auch im Staat tun muss. In Europa ist das heute nur begrenzt relevant, weil emanzipatorische Bewegungen nur schwach wahrnehmbar sind. Sobald sich das ändert, steht man jedoch vor diesem Problem, und dafür muss man Kriterien definieren. Der wichtigste Maßstab wäre für mich, ob eine

Politik im Staat, *von oben*, die Spielräume für soziale Praxen *von unten* erweitert. Das soll heißen: ob Organisierungsprozesse von unten gestärkt, direktdemokratische Mechanismen gefördert, die Kontrolle der Gesellschaft über ihr Leben erweitert werden.

ELMAR ALTVATER Ja, und das ist nur möglich, wenn es Bewegungen gibt, die autonom existieren und intervenieren. Regierungen, Parteien, die – wie Sie es genannt haben – »Politik von oben« machen, können Bewegungen nicht in Gang setzen. Um ein Beispiel zu nennen: Man kann keinen Staatssekretär für solidarische Ökonomie ernennen, wie das in verschiedenen lateinamerikanischen Ländern der Fall war, wenn es nicht bereits eine genossenschaftliche Bewegung gibt, die eine solidarische Ökonomie entwickeln will. Wenn solche Bewegungen existieren, können Regierungen eine positive Rolle spielen. Nicht zuletzt können sie sie finanziell fördern, denn genossenschaftliche Betriebe können in einer Geldgesellschaft nur entstehen und sich entwickeln, wenn sie über Investitionsmittel verfügen.

RAUL ZELIK Wechseln wir nun die Perspektiven und fragen, was bestehende Verhältnisse *von unten* in Frage stellt. Wir haben immer wieder die Genossenschaftsbewegung erwähnt. Ich denke, dass solchen Projekten deswegen große Bedeutung zukommt, weil – wie wir immer wieder betont haben – eine andere Ökonomie sich in erster Linie dadurch auszeichnen müsste, dass die Gesellschaft demokratisch über Ziele und Formen der Arbeit, der Verteilung usw. entscheidet. Staat und zentrale Planung können das offensichtlich nicht gewährleisten. Es muss also Gemeinschaften geben, in denen praktische Erfahrungen mit Gemeineigentum, Demokratie und solidarischem Arbeiten gesammelt werden.

ELMAR ALTVATER Die Genossenschaften haben eine lange Tradition und begleiten die Geschichte der Arbeiterbewegung und des Kapitalismus als – wie der britische Sozialhistoriker E.P. Thompson es nannte – »moralische Ökonomie«, als nicht profitorientierte Wirtschaft, in der Kriterien wie Gleichverteilung, Demokratie, Betriebsführung unter Beteiligung aller, nicht hierarchische Organisation usw. eine zentrale Rolle spielen. Dieses Element hat es in der Geschichte immer gegeben, es ist aber auch immer wieder verdrängt oder integriert worden. Wir haben es also mit einer widersprüchlichen Geschichte zu tun, die nichtsdestotrotz heute erneut aktuell ist.

Die Non-Profit-Ökonomie in den europäischen Industrieländern ist größer als die wichtigsten Wirtschaftsbranchen, sie umfasst Millionen Menschen, viele von ihnen allerdings in ausgesprochen prekären Verhältnissen. Und das ist das große Problem: Genossenschaften bieten keine Garantie dafür, dass es nicht prekär zugeht. Eigentlich sollten Genossenschaften mehrere Bedingungen erfüllen: Sie sollten demokratisch strukturiert sein und nicht gewinnorientiert arbeiten, Gender-Gerechtigkeit aufweisen, ökologisch produzieren usw. Manche Genossenschaften erfüllen zwei der Ziele, andere drei und wieder andere keines. Es gibt also eine Vielzahl ökonomischer Realitäten, die nicht über einen Kamm zu scheren und nicht immer positiv zu bewerten sind. Und der schwierigste Aspekt ist, dass die Non-Profit-Ökonomie in Europa zum Teil den zusammengebrochenen oder zusammengekürzten Sozialstaat ersetzt, also auf prekäre Weise – sowohl für die Beschäftigten als auch für die Klientel – Funktionen übernimmt, die früher der Sozialstaat erfüllte: Alten- und Kinderbetreuung, Bildungsangebote, Gesundheitsdienstleistungen usw.

Wenn öffentliche Güter genossenschaftlich, aber prekär bereitgestellt werden, ist das kein Fortschritt.

RAUL ZELIK Ein weiteres Problem besteht darin, dass Genossenschaften unter den bestehenden Marktbedingungen enge Grenzen gesetzt sind. Der Soziologe, Ökonom und Genossenschaftstheoretiker Franz Oppenheimer formulierte bereits vor fast hundert Jahren die These, dass Kooperativen entweder an ihren politischen Zielen festhalten, dann aber ökonomisch scheitern oder aber ökonomisch erfolgreich sind, dafür jedoch politisch scheitern. Das ist auch nicht besonders verwunderlich: Sie müssen sich in einem kapitalistischen Umfeld behaupten und mit niedrigen Kosten, also auch den niedrigen Löhnen anderer Produzenten, konkurrieren.

Ganz gut kann man das an der baskischen Mondragón-Gruppe beobachten …

ELMAR ALTVATER … ein multinationales Unternehmen …

RAUL ZELIK … ein Genossenschaftstrust sozusagen. Die Mondragón-Gruppe entstand während der Franco-Diktatur als eine Form der Dissidenz. Dahinter standen baskische Linkskatholiken, die mit dem spanisch-nationalistischen Regime nicht einverstanden waren, aber auch keine revolutionäre Position vertraten. Da es sich beim Franquismus um so etwas wie eine katholisch-faschistische Diktatur handelte, konnten sich unter dem Dach der Kirche auch oppositionelle Gruppen sammeln.

Heute ist die Mondragón-Genossenschaft eines der zehn erfolgreichsten Unternehmen im spanischen Staat – und operiert mit allen Scheußlichkeiten eines normalen Großkonzerns. Die Genossenschafter beziehen zwar hohe Einkommen und haben auf Versammlungen alle das gleiche Stimmrecht. Doch um sich auf den Weltmärkten

zu behaupten, hat die Mondragón-Gruppe in Niedriglohn-
ländern Fabriken aufgebaut, in denen die Belegschaften
als Leiharbeiter angestellt sind. Und auch im Baskenland
selbst beschäftigt man Leiharbeiter.

Trotzdem ist die Mondragón-Genossenschaft interessant. Antton Mendizabal, ein baskischer Ökonom, der
dem Unternehmen gegenüber überaus kritisch eingestellt ist, hat die Kooperative in einem Vortrag als »Sta-
chel im kapitalistischen System« bezeichnet. Sie zeige,
dass demokratische Prinzipien auch im Wirtschafts- und
Arbeitsleben gelten könnten. Nur in Genossenschaften
wird nämlich die Forderung »One (wo)man, one vote«
umgesetzt. In Aktiengesellschaften gilt ja im Prinzip ein
»feudales« Stimmrecht: Wer mehr besitzt, darf mehr
entscheiden, wer gar nichts hat, ist der Knecht, der nur
seine Arbeitskraft zur Verfügung stellen darf.

Tatsächlich wird auf den Versammlungen der Mondra-
gón-Genossenschafter auch immer wieder heftig debat-
tiert. Die Unternehmensleitung vertritt normalerweise
klassische Managementpositionen. Sie will einfach nur
effizient und rentabel arbeiten. Aber im hochpolitisier-
ten Umfeld im Baskenland regt sich unter den Genossenschaftern auch Widerstand. Sie verlangen, dass das
Unternehmen seine Solidarprinzipien konsequenter umsetzt und auch die Arbeiter der Tochterunternehmen zu
Genossenschaftern macht. Selbst ein so problematischer
Fall wie die Mondagrón-Gruppe verweist also auf das
Potenzial einer anderen Ökonomie.

Zudem muss man auch sagen: Mondragón oder Ar-
rasate, wie es auf Baskisch heißt, sieht anders aus als der
Rest des Baskenlandes. Die Arbeitslosigkeit ist niedrig,
die soziale Gleichheit groß, man sieht an den Häusern

sofort, dass das Lohnniveau in der Kooperative höher ist als im privatkapitalistischen Umfeld.

ELMAR ALTVATER Einige sagen über solche Genossenschaften ja auch, hier herrsche die Arbeit über das Kapital und nicht umgekehrt. Das heißt, viele andere Prinzipien, die zu einer Genossenschaft gehören, werden vielleicht verletzt. Aber der eine oder andere Punkt ist eben dann doch besser als in einem kapitalistischen Unternehmen. Das erinnert ein wenig an die Arbeiterselbstverwaltung in Jugoslawien. Obwohl dort viele Mängel zu beobachten waren, gab es Möglichkeiten der Partizipation.

RAUL ZELIK Dem kooperativen, gemeinschaftlichen Arbeiten wohnen aber auch systemische Probleme inne. In Genossenschaften, aber auch schon in Lebens- und Wohngemeinschaften stellt sich permanent die Frage, wie Arbeit verteilt und gegebenenfalls auch entgolten wird. Dieser Aspekt steht in einem Zusammenhang mit der in den 1960er Jahren im staatssozialistischen Lager geführten Debatte um Anreizsysteme und materielle Entlohnung. In einer auf Kooperation beruhenden Gesellschaft sollte Arbeit nicht um des individuellen Vorteils willen, sondern aus allgemeinem Interesse geleistet werden. Im Sozialismus hat man deshalb zunächst versucht, die Leute zu einer gesellschaftlich nützlichen Haltung zu verpflichten, zu erziehen und zu agitieren. Das war im schlechteren Fall repressiv, im besseren penetrant und mündete in dümmliche Politkampagnen oder eine Idealisierung von Aufopferung und Selbstkasteiung.

Die Frage mit den Anreizen ist nun längst nicht so kompliziert, wie gemeinhin unterstellt wird. Selbst im Kapitalismus, in dem ja eine nicht minder penetrante Erziehung zu Eigennutz und sogar zu Rücksichtslosigkeit stattfindet, handeln Menschen oft ohne Gegenleistung kooperativ und solidarisch. Eine Gesellschaft, die das nicht mehr tut, zerfällt. (Vor dem Hintergrund ist wohl auch die Debatte um den Verlust moralischer Werte zu sehen, wie sie unter anderen der CDU-Politiker Wolfgang Schäuble vor ein paar Jahren anstieß. Der neoliberale Anreiz zersetzt auf die Dauer nicht nur die politische Solidarität, sondern auch wertkonservative und autoritäre Gemeinschaftskonzepte.)

Solidarität ist also auch im kapitalistischen Alltag vorhanden. Trotzdem stellt sich gerade bei den unangenehmsten Tätigkeiten das Problem der Wechselseitigkeit. Es scheint, zumindest heute, keine Alternative zu geben: Man muss ein einigermaßen einsichtiges und gerechtes Anreiz-, Entlohnungs- oder Ausgleichsmodell zwischen Tätigkeiten entwickeln. Womit nicht gesagt werden soll, dass diese Angelegenheit im Kapitalismus sinnvoll geregelt wäre. Dass eine relativ selbstbestimmte Tätigkeit als leitender Angestellter oder Unternehmer 20, 50, 100 Mal so gut entlohnt wird wie die extrem belastende Arbeit einer Krankenschwester, hat mit einem gesellschaftlich nützlichen Anreiz oder mit Einkommensgerechtigkeit nichts, aber auch gar nichts zu tun. Das System, das wir heute vorfinden, ist vollendeter Wahnsinn. Doch auch in einer alternativen Ökonomie muss man Antworten finden, die über den moralischen Appell an das Verantwortungsbewusstsein des Einzelnen hinausgehen.

ELMAR ALTVATER Es lohnt sich in diesem Kontext, die Arbeiten des französischen Philosophen André Gorz noch einmal zu lesen, der sich ja viel mit der Überwindung der Arbeitsgesellschaft und einem alternativen Arbeitsbegriff auseinandergesetzt hat. Wir sind auf die Gorz'sche

Unterscheidung zwischen autonomer und heteronomer, zwischen selbstbestimmter und nicht selbstbestimmter, zwischen nichtentfremdeter und entfremdeter Arbeit bereits eingegangen. Die große Herausforderung für jede nicht kapitalistische Gesellschaft besteht darin, die Verhältnisse so zu organisieren, dass alle Menschen ihrer autonomen Tätigkeit nachgehen können, gleichzeitig aber auch solche heteronome Arbeit übernehmen, die man nicht mag, die aber trotzdem verrichtet werden muss.

Im Kapitalismus stellt sich das Problem nicht in dieser Form. Dort ist Arbeit in erster Linie Lohnarbeit und für das individuelle Überleben notwendig. In einer nicht kapitalistischen Gesellschaft müsste Arbeit neu verteilt werden. Das wird dadurch ein wenig erleichtert, dass wir unterschiedliche Vorlieben haben. Eine Arbeit, die Sie als heteronom empfinden, wird von mir vielleicht gern getan und umgekehrt. Doch eine solche gegenseitige Ergänzung hat Grenzen. Es gibt Dinge, die niemand gerne tut, und die müssen verteilt werden. Hier müssen wir auf die Einsicht der Gesellschaftsmitglieder setzen, dass derartige Arbeiten eben verrichtet werden müssen. Dieser Aspekt findet sich schon bei der *oikonomia* von Aristoteles, wo der patriarchale Haushaltvorstand zu verrichtende Arbeiten verteilt. Eine »Haushaltsführung« muss nun nicht patriarchal oder autoritär sein. Die Verteilung von Tätigkeiten kann auch genossenschaftlich, demokratisch und partizipativ erfolgen. Wir alle kennen Beispiele, in denen wir aus »Einsicht in die Notwendigkeit« Arbeiten aufteilen und übernehmen. Das ist ja auch ein literarisches Thema. Man lese Mark Twains Geschichte von Tom Sawyer, der einen Zaun streichen soll, obwohl er das hasst.

RAUL ZELIK Eine Erfahrung ist aber auch, dass gerade an der Frage der Verteilung unangenehmer Arbeit Gemeinschaften immer wieder zerbrechen.

ELMAR ALTVATER Wenn man Alternativen hat, gibt es diese Dynamiken. Wenn man aber aus einer Gemeinschaft, in der man Verantwortung übernehmen muss, in eine andere fällt, in der man dies ebenso tun muss, wird das anders aussehen. Man wird dort bleiben, wo die Arbeitsteilung am sinnvollsten organisiert ist, und einsehen, dass unangenehme Arbeiten eben übernommen werden müssen. Konkreter: Das Abwaschen in Wohngemeinschaften ist immer ein Problem. Aber es ist immer auch lösbar. Mit ein bisschen Erfahrung pendeln sich die Dinge ein: Die einen kochen gern, die anderen kümmern sich um etwas anderes. Die einfachen Alltagsbeispiele zeigen, dass es natürlich Konflikte gibt. Aber erstens gibt es im menschlichen Leben überall Konflikte, und zweitens kann man zu Lösungen kommen.

RAUL ZELIK Doch auch der »materielle Anreiz« hat seinen Platz: Dadurch dass man die Verrichtung von Arbeiten »belohnt«, die von anderen nicht gern übernommen werden, schafft man nicht gleich ein Klima des rücksichtslosen Egoismus. Ich sage das deswegen in einem ziemlich naiven Ton, weil mir das Konzept des »neuen Menschen«, wie es sozialistische Erzieher, angefangen von Che Guevara bis zu den Maoisten verfolgt haben, zuwider ist. Ein emanzipatorisches Projekt muss unaufgeregter, gelassener daherkommen: Wir, die ganz normalen, real existierenden Menschen, sind in der Lage, anders zu leben. Wir brauchen dafür nicht umerzogen oder neu erschaffen zu werden. Das, was wir an Verstand, Empathie und Verantwortungsgefühl mitbringen, reicht völlig aus, um die

Gesellschaft anders, besser zu organisieren. Selbstverständlich verändern wir uns auch selbst, wenn die Bedingungen andere sind. Wir lernen, demokratische Entscheidungsprozesse zu organisieren, entwickeln partizipative Fähigkeiten, schärfen unser Einfühlungsvermögen. Aber wir müssen nicht dafür erzogen werden, um einer Gesellschaftsutopie gerecht zu werden. Die Utopie ist für uns da und nicht wir für sie.

Sie haben nun auch gesagt, dass hier Bewusstseinsfragen verhandelt werden. Sich mit anderen abzustimmen und Verantwortung für eine Gemeinschaft zu übernehmen, erfordert Einsicht – und also auch Bewusstsein.

ELMAR ALTVATER Ja, natürlich. Menschen sind handelnde Subjekte und handeln, so ist zu hoffen, mit Verstand. Aber noch mehr: Menschen schaffen durch ihr Handeln Umstände, die im positiven wie im negativen Sinne Restriktionen des Handelns darstellen. Diese Restriktionen muss man bewusst erkunden, um dann eventuell wieder Korrekturen des Handelns vorzunehmen.

RAUL ZELIK Nehmen wir einmal eine dieser anthropologischen Vermutungen, die einem im Alltag immer begegnen, wenn von Sozialismus die Rede ist. Ein sehr beliebtes Argument lautet: »Eine schöne Idee, aber die Menschen sind egoistisch und machen nichts, ohne individuelle Vorteile davon zu haben.«

Wir haben es schon betont: Eigentlich reicht ein Blick in die Welt der unbezahlten Arbeit, der Pflege, um zu wissen, dass das in dieser Form nicht stimmt, nicht stimmen kann. Für besonders unangenehme Tätigkeiten will man entgolten oder belohnt werden, andere Dinge macht man gern auch ohne direkte Gegenleistung. Dafür gibt es auch »modernere« Beispiele. Sehen wir uns an, wie im

Internet neue Gemeingüter, sogenannte *commons*, entwickelt wurden. Aktivisten der Open-Source-Software – Programme, deren Quellcode offen liegt und die von allen Programmierern weiterentwickelt werden können – sprechen in diesem Zusammenhang von *peer production*: eine Produktion, die nicht kommerziell, ohne materielle Gegenleistung, dezentral und kooperativ vonstatten geht.

Ein Beispiel dafür ist die Online-Enzyklopädie Wikipedia. Jeder kann zum Wissen dieser Enzyklopädie beitragen und Artikel umschreiben. Der Prozess unterliegt gewissen Regeln und wird von Freiwilligen moderiert, die die Einträge auf ihre Qualität prüfen und sperren können. Aber die Arbeit an dem Projekt ist offen, kaum zentralisiert, vor allem aber ist sie nicht marktförmig: Man konkurriert nicht mit anderen Anbietern, hat keine materiellen Anreize, verkauft nichts – zumindest nicht, wenn man an Einträgen zu Foucault oder Quantenmechanik arbeitet. Sicherlich hat auch Wikipedia Schwächen – wie jede Enzyklopädie muss man sie kritisch lesen und Informationen überprüfen. Aber insgesamt kann sich das Ergebnis sehen lassen.

Für das Betriebssystem Linux, das als Reaktion auf die Ineffizienz der Microsoft-Systeme MS-Dos und Windows entstand, gilt das sogar noch stärker. Mit Linux wurde in den vergangenen zwei Jahrzehnten ein hochwertiges Softwareprodukt entwickelt, wie es große Unternehmen gegenüber den Konsumenten abschirmen und teuer verkaufen würden. Linux hingegen ist offen: Jeder Nutzer kann nachvollziehen, was das Betriebssystem macht, und es dem eigenen Bedarf anpassen. Vor allem jedoch entstand Linux als freie Kooperation von Produzenten. Ohne dass das ein deklariertes Ziel gewesen wäre, ist man hier ganz nah an der Marx'schen Utopie der »freien Assoziation der Produzenten«. Im Fall Linux ist dieser Prozess folgendermaßen verlaufen: Softwareentwickler haben ihre Arbeit ins Netz gestellt, um sie diskutieren zu können, andere haben gesehen, was fehlt, Teile weitergeschrieben, erneut ins Netz gestellt und von anderen korrigieren lassen, und so ist – ohne dass es einen Gesamtplan gegeben hätte – ein Produkt entstanden, das seinen kommerziellen Konkurrenten in vieler Hinsicht überlegen ist. Ich finde das verblüffend: Es handelt sich um einen offenen, unhierarchischen, partizipativen, dezentralen, internationalen Produktionsprozess, für den die Produzenten keine unmittelbare Gegenleistung erwarteten – auf so etwas zielte der Begriff des »Kommunismus« ursprünglich ab. Witzigerweise hat das Umfeld, in dem Linux entstand, mit »Kommunismus« wenig zu tun. Für die Linux Entwickler handelte es sich einfach um ein gemeinsames Vorhaben.

Wir haben das schon an anderer Stelle behauptet: Die gesellschaftliche Alternative – die demokratische, bewusste Kooperation in der Arbeit, die Verständigung über Produktion und Konsum – wird nicht unbedingt dort geboren, wo es Linke erwarten. Das Neue kommt unerwartet und vielleicht auch überraschend unspektakulär daher.

ELMAR ALTVATER Ja und nein. Ich wäre skeptischer, inwiefern man solche Erfahrungen verallgemeinern kann. Eine derartige Kooperationsmethode funktioniert im Internet, also bei immaterieller Produktion. Die Frage ist nun, ob auch materielle Produktionen oder Dienstleistungen auf vergleichbare Weise entstehen können. Aber Sie haben recht: Die Open-Source-Bewegung ist eine Community, die positiv Bezug auf den Begriff der Allmende, der *commons*, nimmt. Das »Gemeingut« ist ein großes Versprechen, bietet aber auch enorme Angriffsflächen. Denn es wird ständig versucht, die Allmende in die Sphäre der warenförmigen Verwertung zurückzuholen. Genau darum geht es bei den Auseinandersetzungen um das Copyright. Wenn der Tausch von Dateien im Internet schärfer überwacht und verfolgt werden soll, dann verbirgt sich dahinter das Interesse an einer privatwirtschaftlichen Nutzung des digitalen Raums. Das andere, das sich in Praktiken der kooperativen Arbeit und der Gemeinverfügung ausdrückt, wird als Gefahr begriffen.

RAUL ZELIK In einer gewissen Hinsicht unterscheidet sich der digitale Raum nicht prinzipiell von der materiellen Welt. Wenn heute verstärkt um das Copyright gekämpft wird, dann geht es, wie Sie erwähnt haben, um die Aneignung und Inwertsetzung von Gemeingütern. Das ist ein Prozess, der sich historisch ständig von Neuem wiederholt. Dem Privateigentum ging fast immer der Raub von Gemeineigentum voraus. Die historische Allmende, etwa der Wald, wurde von Adligen angeeignet, privatisiert. Dabei wurden Nicht-Adlige *enteignet*. Als Autor, der ich ja angeblich ein Interesse am digitalen Eigentum habe, ist mir die Debatte um das Copyright auch aus diesem Grund so zuwider. Hier wird ein Feld, das ähnlich wie eine historische Allmende von allen genutzt und bearbeitet werden kann, gehegt, privatisiert, dem Zugang entzogen.

ELMAR ALTVATER Wobei die Möglichkeiten, sich im Internet dagegen zu wehren, größer sind …

RAUL ZELIK Aber auch Kontrolltechnologien werden immer umfassender. Heute wird im Netz permanent überwacht, wer welche Dateien herunterlädt und zur Verfügung stellt.

Interessanterweise werden durch die Privatisierung des Netzes viele Möglichkeiten der neuen Technologien blockiert. Wissen ist ja ein extrem wichtiger Produktionsfaktor. Für eine Gesellschaft ist es deswegen grundsätzlich positiv, wenn Wissen frei getauscht und entwickelt werden kann. Je mehr man dieses Feld parzelliert und den Zugang zu Wissen und Informationen einschränkt, desto schwieriger gestaltet sich die Arbeit.

An dieser Stelle würde ich gern auf die Frage zurückkommen, wie eine andere Gesellschaft innovativ sein kann. Wir haben darüber gesprochen, dass die sozialistischen Staaten unter anderem deshalb gescheitert sind, weil es kaum Spielräume für Innovationen gab. Nun ist Innovation – auch das haben wir diskutiert – nicht das Gleiche wie Wachstum. Es gibt keinen Grund, warum man ständig *mehr* produzieren sollte. Aber Innovationen sind wichtig. Neue Erfindungen können das Leben vereinfachen, Umweltbelastungen verringern, sie eröffnen ganz neue Perspektiven.

Anders als von Marktradikalen behauptet, werden technische Erfindungen auch im Kapitalismus selten vom Markt ermöglicht. Die Grundlagenforschung wird in der Regel aus öffentlichen Fördertöpfen finanziert, über deren Verwendung nicht zuletzt »politisch« entschieden werden muss. In dieser Hinsicht spielt es keine große Rolle, ob eine Gesellschaft sozialistisch oder kapitalistisch ist.

Anders sieht es bei der Umsetzung von Innovationen in Arbeitsprozessen aus. Da geht es immer auch darum, dass Leute etwas ausprobieren möchten. Man könnte sagen: Transformationen der Arbeitswelt sind zumindest teilweise das Ergebnis von Dezentralität und Desertion.

Leute wollen so nicht mehr arbeiten, scheren aus, widersetzen sich. Hier kommt ein spontaner Aspekt herein, der in Widerspruch zur Planung zu stehen scheint.

ELMAR ALTVATER Auch der Kapitalismus schätzt Innovationen nicht besonders. Zu Neuerungen kommt es fast immer nur auf dem einmal eingeschlagenen Entwicklungsweg und in Bereichen, in denen Profite zu erwarten sind. Innovationen, die für das Wohlbefinden der Menschen wichtig wären, sich aber nicht in Gewinn umsetzen lassen, unterbleiben. Deshalb ist die Pharmaindustrie bei Medikamenten gegen Fettsucht sehr viel erfolgreicher als bei der Bekämpfung tropischer Fieberkrankheiten.

Was nun das Verhältnis von Innovation und Planung anbelangt, so kann man zunächst einmal festhalten, dass auch kapitalistische Unternehmen Innovationen planen. Viele Neuerungen müssen in einem jahrelangen, manchmal jahrzehntelangen Prozess realisiert werden. Der Ökonom Joseph A. Schumpeter war deshalb der Auffassung, dass Großunternehmen und Monopole notwendig seien, um – in einem von ihm als »schöpferische Zerstörung« bezeichneten Prozess – Innovationen durchzusetzen. Der Marktmechanismus wird ausgeschaltet, um die Neuerung zu ermöglichen.

Auch Schumpeter vertritt also, dass Planung eine notwendige Voraussetzung von Entwicklung ist. An dieser Stelle hat Schumpeter im Übrigen einen grundlegenden Widerspruch zu Neoliberalen wie Friedrich August von Hayek oder Ludwig von Mises.

RAUL ZELIK Die Frage, inwiefern Innovationen geplante Abläufe durcheinanderbringen, stellt sich trotzdem. Wir haben zuvor über den »Transformismus« gesprochen, über die Fähigkeit des Kapitalismus, soziale Krisen zur Modernisierung, als Impuls aufzugreifen. Unvorhergesehene »unternehmerische« Handlungen verändern Arbeitsprozesse und gesellschaftliche Beziehungen.

In einer Planwirtschaft, die im Voraus, also *ex ante*, kalkuliert, stellen solche Verhaltensweisen den Gesamtablauf erst einmal in Frage. Wer aus einem vereinbarten Prozedere ausschert, verursacht Probleme.

ELMAR ALTVATER Ein solches Ausscheren sieht man auch im Kapitalismus nicht gern. Wer die technologisch, arbeitsorganisatorisch und sozial vorgegebene Entwicklungsbahn verlässt, wird – falls er erfolgreich ist – zu einem unangenehmen Konkurrenten oder erzeugt – im Fall des Scheiterns – große Kosten. Veränderungen rufen auch im Kapitalismus Widerstände hervor.

Aber Sie haben in einer Hinsicht recht: Eine vollständig zentralistische Planung kennt diese Flexibilität nicht und ist deswegen jeder Initiative, die die vorherrschenden Strukturen verlässt, gegenüber feindlich eingestellt – auch wenn es sich dabei um eine vernünftige Initiative handelt. Die Wirklichkeit im Realsozialismus war allerdings widersprüchlicher. Dort gab es den »sozialistischen Wettbewerb«; man appellierte an »die Werktätigen«, Vorschläge für Neuerungen zu unterbreiten, und zeichnete »die Neuerer« mit Orden und Preisen aus. Später, in den 1960er Jahren, führte man unter Berücksichtigung von Marktmechanismen auch ein System der »materiellen Interessiertheit« ein, das heißt, die Belegschaften (und das Management) wurden für kostensenkende Innovationen materiell belohnt. Außerdem begann man mit Gewinnkennziffern zu arbeiten, um die Effizienz zwischen Betrieben vergleichen zu können. Ganz innovationsfeindlich war also auch der Staatssozialismus nicht. Man hatte zumindest theoretisch erkannt, dass Ökonomie, Gesellschaft und Betriebe ohne eine gewisse Flexibilität, Dezentralität und Autonomie nicht funktionieren können. Vor diesem Hintergrund legte man in der Tschechoslowakei 1968, später auch in Ungarn größeren Wert auf die »indikative Planung«. Es wurde ein Rahmen vorgegeben, man ließ den Betrieben dann aber relativ große Spielräume, um diese Ziele zu erreichen. Eine gewisse Konkurrenz zwischen den Betrieben wurde eingeführt, die sogenannten Produktionsfonds – die die Investitionsmittel zuteilten – hingegen blieben unter zentraler Verwaltung. Im Kapitalismus werden solche Vorgaben durch das Geld geleistet. Das Geld hat einen Preis, nämlich den Zins, und das stellt die harte Budgetrestriktion dar. Wer nicht mehr als den Zins erwirtschaftet, geht in Konkurs. In den realsozialistischen Staaten wurde diese Aufgabe vom Rahmenplan übernommen.

RAUL ZELIK Ich möchte zwischen einer Autonomie der Bereicherung, dass also Unternehmer oder Belegschaften unabhängig wirtschaften, um Kapital zu akkumulieren, und einer Autonomie der Arbeitsorganisation, also der Möglichkeit, dezentral über Arbeitsprozesse zu entscheiden, differenzieren. Ich frage mich, ob die Autonomie im zweiten Sinne, also die Freiheit, etwas »zu unternehmen«, aus einer bestehenden Arbeitsorganisation auszuscheren und etwas anderes auszuprobieren, nicht auch von einem antikapitalistischen Standpunkt stärker verteidigt werden sollte. Man muss in dem Zusammenhang ja auch darauf hinweisen, dass im Kapitalismus die Freiheit der »Unternehmung« nur sehr beschränkt existiert. Sie gilt für diejenigen, die über Kapital verfügen. Die anderen bleiben fremdbestimmte Lohnarbeiter und Scheinselbstständige, deren Verhalten extrem reglementiert ist – bis hin zum Fließband, wo fast jede Bewegung vorgegeben ist.

In einer Gesellschaft, die gemeinschaftlich und demokratisch über ihre Ökonomie entscheidet, muss es die Freiheit geben, aus bestehenden Arbeitsabläufen auszuscheren und etwas Neues anzufangen. Nicht um sich persönlich zu bereichern – das interessiert die Leute oft auch gar nicht so sehr –, sondern um alternative Formen in der Arbeit zu erproben.

ELMAR ALTVATER Das wäre schön, ist aber weniger ein ökonomisches Problem als ein Prinzip des gesellschaftlichen Zusammenlebens: dass man nämlich stets auf der Suche nach dem »guten Leben« ist. Diese Suche schließt solche Innovationen ein, die die Arbeit erleichtern, die Produktivität steigern und einen besseren Umgang mit der Natur erlauben. Zu einer »guten«, sozialistischen Gesellschaft würde es gehören, Räume für eine solche Suche zu öffnen und offen zu halten.

Doch das ist unabhängig davon, ob geplant wird oder ob man das dem Markt überlässt. Solche Fragen müssen auf gesellschaftlicher Ebene geklärt werden.

RAUL ZELIK Aber dezentrale, autonome Entscheidungen müssen prinzipiell ermöglicht werden …

ELMAR ALTVATER Ja. Natürlich muss man die Ökonomie so gestalten, dass sie flexibel ist. Dazu bedarf es, wie ich meine, sowohl der Planung als auch der marktförmigen Abstimmung. Auch im Kapitalismus ist das Alltag: Innerhalb eines Unternehmens spielt der Plan eine Schlüsselrolle. In der Fabrik ist alles geplant, und der Arbeiter ist die subalterne Figur, die sich diesen Planungsvorgaben entsprechend verhalten muss. Als empörend wird im Kapitalismus Planung erst dann empfunden, wenn sie die Gesellschaft als

Ganzes erfasst und an die Stelle des vergötterten Marktmechanismus tritt. In der kapitalistischen Realität ist das
Einzelunternehmen eine wahre Planungsdespotie, in der
man nicht mehr Demokratie finden wird als im politischen Alltag des Realsozialismus.

RAUL ZELIK Wir haben die alte Debatte um Markt oder
Plan eröffnet. Dass beide Steuerungsformen miteinander kombiniert werden sollten, sagt in dieser Form noch
nicht viel aus, weil das von der DDR bis zur CDU-In-
terpretation von »sozialer Marktwirtschaft« alles bedeuten kann. Ist diese Unklarheit darin begründet, dass die
Begriffe Markt und Plan den Kern des Problems nicht
beschreiben? Worum es uns doch geht, ist die demokratische Vergesellschaftung der Ökonomie. Planung
hingegen setzt voraus, dass etwas im voraus, *ex ante*, geschieht. Gesellschaftliche Verfügung und Entscheidung
können aber gleichermaßen *ex ante* wie im Nachhinein,
also *ex post*, erfolgen.

ELMAR ALTVATER Ich denke, es geht vor allem darum, wie die
Verfügung über die Produktionsmittel, wie die Eigen-
tumsordnung gestaltet ist. Habe ich nur Privateigentum
oder auch Gemeineigentumsformen: genossenschaftliches, gesellschaftliches, kommunales, staatliches Eigentum? Es gibt eine Vielzahl denkbarer Formen.

Wenn man Markt und Plan als gegensätzliche Leitungs-
mechanismen interpretiert, dann geht es immer auch um
Eigentum. Der Markt setzt dezentrales Eigentum voraus,
und im Kapitalismus handelt es sich dabei um Privateigentum, das sehr groß und extrem verschachtelt sein
kann. Die großen Konzerne, die Aktiengesellschaften,
die Kreditfinanzierung zeigen es. Dieses private Eigentum wird in Autonomie des Eigentümers eingesetzt, um

Profit zu erzielen. Die Verwertung findet im Produktionsprozess statt, wird aber in der Realisierung auf dem Markt vollendet.

Auch in einer sozialistischen Gesellschaft kann man sich dezentrales Eigentum vorstellen, das aber nicht privates Eigentum sein darf. Auch genossenschaftliches, gemeinschaftliches oder kommunales Eigentum ist dezentral; selbst staatliches kann so organisiert werden, dass autonome Entscheidungsprozesse auf unterer Ebene möglich sind. Gleichzeitig wird aber durch gesellschaftliche Organisationen und den Staat ein Rahmen geschaffen, in dem es möglich wäre, auch andere Ziele zu verfolgen und sich darüber zu verständigen, anders als in der gewinnorientierten kapitalistischen Marktwirtschaft: über soziale Belange, über den Schutz der Natur, über kulturelle Prioritäten. Bislang hatte diese Verständigung einen autoritären Charakter. Sie erfolgte innerhalb von Staatsparteien. Man kann sich das aber auch radikal anders vorstellen. Auch wenn man davon ausgeht, dass es weiterhin Staat, Parteien und gesellschaftliche Initiativen gäbe, könnte man die Verständigungsprozesse anders, sozusagen deliberativ, in Form von öffentlichen Debatten gestalten. Diese Prozesse wären keineswegs harmonisch. Es gälte vielmehr, den widerstreitenden, kontroversen Interessen der Menschen in einer Gesellschaft Ausdruck zu verleihen und Geltung zu verschaffen.

In einer kapitalistischen Marktwirtschaft geht es hingegen ausschließlich darum, die Produktionsfaktoren so zu organisieren, dass möglichst viel Gewinn herausspringt. In einer Marktwirtschaft unterscheidet man häufig zwischen Prozess- und Ordnungspolitik. Auch die liberalste Marktwirtschaft bedarf eines Ordnungsrahmens. Deswegen nannten sich die deutschen Neoliberalen um Walter Eucken nach 1945 ja auch »Ordoliberale«. Sie haben nichts gegen Ordnung, sie wollen nur nicht, dass in die operative Planung der Unternehmer eingegriffen wird. Die Unternehmerautonomie, das Privateigentum und die Konsumentensouveränität sind die heiligen Kühe des Neoliberalismus.

RAUL ZELIK Wie müsste man sich Entscheidungsprozesse unter sozialistischen Bedingungen vorstellen?

ELMAR ALTVATER Es müsste in Form einer facettenreichen Demokratie geschehen, in der auf verschiedensten Ebenen Versammlungen durchgeführt werden. Solche Ansätze hat es historisch natürlich schon oft gegeben. Die Räte sollten genau das sein und leisten. Die Idee einer Sowjetunion, also einer Räteunion, war ja zumindest auf dem Papier, dass Räte die Entscheidungsprozesse von unten nach oben gestalten. Das stand jedoch schnell im Widerspruch zur Machtkonstellation in Russland und wurde deswegen nie oder nur auf formale Weise realisiert. Die Partei- und Staatsbürokratie setzte sich an die Stelle der Räte.

Das Konzept von Räte- oder radikaler Demokratie ist heute wieder hochaktuell. Aber auch in einer radikalen Demokratie müsste selbstverständlich delegiert werden. In großen Gesellschaften lässt sich das nicht vermeiden. Ich wüsste nicht, wie bei zig Millionen oder gar Hunderten von Millionen Staatsbürgerinnen und -bürgern eine direkte Demokratie organisiert werden könnte. Es geht also gar nicht anders. Der Parlamentarismus, so unzulänglich er auch ist, hat seinen Platz.

RAUL ZELIK Unvorstellbar: Parlamente als Organe der Demokratie. Jetzt werden Sie wirklich utopisch …

Aber ich stimme Ihnen in einem Punkt zu: Demokratie wird neben der Eigentumsfrage das Thema zukünftiger Auseinandersetzungen sein müssen. Toni Negri und Michael Hardt haben das vor einigen Jahren in einem Buch, das Sie ansonsten nicht allzu sehr schätzen, auch vertreten: »Revolutionärer Kampf« heißt heute vor allem Kampf um Demokratisierung. Die Mehrheiten werden immer deutlicher von Entscheidungsprozessen ausgeschlossen, Grundrechte werden negiert. Das bürgerliche Demokratieversprechen wird von der sozialen, ökonomischen und medialen Realität völlig konterkariert.

ELMAR ALTVATER Man muss eben zur Kenntnis nehmen und daraus politische Schlussfolgerungen ziehen, dass demokratische Verfahren vielleicht die beste verfügbare Ordnung der möglichst breiten Beteiligung am politischen Gemeinwesen sind, dass mit ihnen aber die kapitalistische Machtstruktur, die ökonomische Verteilung von Ressourcen, die Mechanismen sozialer Geltung nicht außer Kraft gesetzt werden. Die ökonomischen Sachzwänge, die Korruption und die Lobbyeinflüsse bleiben, die Einseitigkeit der Medien im Interesse des herrschenden Blocks wird nicht aufgehoben. Auch in einer demokratisch-parlamentarischen Ordnung wird der hegemoniale Kampf nicht stillgestellt.

RAUL ZELIK Aber Sie haben noch nichts dazu gesagt, ob eine gesellschaftliche Verfügung über die Ökonomie tatsächlich in Form der Planung, also im Voraus, vonstatten gehen muss.

ELMAR ALTVATER Man braucht beides. Blicken wir noch einmal auf die Planung im Kapitalismus. Wenn Fiat *ex ante* plant, Chrysler zu übernehmen, um auf eine jährliche Produktion von mindestens vier Millionen Autos zu kommen, weil mit weniger als dieser Produktionsziffer auf globalen Märkten notwendige Synergien nicht genutzt werden können, dann hat diese Planung enorme gesellschaftliche Konsequenzen – und zwar sowohl, wenn sie Erfolg hat, als auch, wenn sie scheitert.

Mit Planung haben wir es permanent zu tun. Das Kunststück besteht nun darin, dass diese Planung Spielräume des autonomen Handelns eröffnen muss. Und bei diesem dezentralen Handeln stellt sich erst im Nachhinein heraus, ob es auch erfolgreich war.

Auch Fehlplanung ist übrigens Alltag. Das Kaufhaussterben in Deutschland ist – so scheint es zumindest – ein Ergebnis von Fehlplanung, von der nun Hunderttausende betroffen sind. Um Planung kommt man, vor allem bei großen Einheiten, schlichtweg nicht herum.

RAUL ZELIK Die liberalen Theoretiker von Mises und von Hayek haben früh auf das Problem zentralisierter Planung verwiesen: Mises hat vorhergesagt, dass eine staatlich zentralisierte Planwirtschaft, wie sie sich die meisten Marxisten seiner Zeit vorstellten, statisch sein werde. Von Hayek war der Überzeugung, dass dezentrale, sich selbst organisierende Prozesse intelligenter sind als zentral und hierarchisch geleitete. Ich finde, dass Mises und Hayek unrecht haben, was den Markt angeht. Der ist ja eben nicht frei, sondern von Machtverhältnissen durchzogen. Das Eigentum ist extrem konzentriert, weswegen reale Märkte mit den theoretischen Märkten nichts zu tun haben. Insofern konstituiert sich dort eben nicht die kollektive, dezentrale, netzwerkartige, mit Gilles Deleuze könnte man sagen: *rhizomatische* Intelligenz, sondern Macht- und Unterordnungsbeziehungen werden zementiert.

Die These, dass das kollektive, dezentrale Wissen einer Gemeinschaft über das von Individuen, Repräsentationen oder zentralen Einrichtungen hinausreicht, erscheint mir hingegen ziemlich interessant. Es scheint mir plausibel, dass sich selbst organisierende soziale Prozesse mit bestimmten Regeln oder Rahmenbedingungen bessere Ergebnisse hervorbringen, als es eine Führung vermag.

Es gibt nun auch Konzepte, marktradikale Vorstellungen mit Sozialismus, das heißt, Gemeineigentum mit dezentralen, marktförmigen Tauschbeziehungen zu verbinden. Eine britische Ökonomin hat das vor einigen Jahren versucht …

ELMAR ALTVATER … Diane Elson …

RAUL ZELIK Ja, genau. Wenn ich das Konzept richtig verstehe, geht es darum, dass sich die ideale transparente Situation, die der Markt eigentlich benötigt, nur unter demokratischen, egalitären, letztlich sozialistischen Voraussetzungen herstellen lässt. Nun unterminiert der Markt, auch wenn Profite sozialstaatlich umverteilt würden, immer auch den gesellschaftlichen Zusammenhalt. Auf Märkten handeln die Menschen tendenziell als Konkurrenten. Andererseits ist die Struktur des Marktes aber auch interessant: Sie haben einmal geschrieben, der Markt würde schon deswegen auch in einer sozialistischen Gesellschaft nicht völlig verschwinden, weil man sonst noch die kleinste wirtschaftliche Entscheidung politisch fällen müsste.

Ich bin da unentschlossen. Den Markt als Arena der Konkurrenz halte ich für einen Ausdruck der Idiotie. Kooperative Muster sind die Lebensgrundlage moderner Gesellschaften. Warum sollten sie ausgerechnet in der Ökonomie außer Kraft gesetzt werden? Andererseits finde ich das Phänomen sich selbst organisierender Prozesse interessant.

Wie sehen Sie den Versuch, den Markt mit Gemeineigentum zu verbinden?

ELMAR ALTVATER Ich halte das für vernünftig. Die Vernunft verlangt aber auch, dass das Gemeineigentum geplant wird. Wir brauchen eine Mischung verschiedener Eigentumsformen – es ist schon erwähnt worden – und Koordinierungsmethoden, den Markt ebenso wie den Plan. Wenn man gegen die Privatisierung öffentlicher Güter eintritt, weil diese ihre sozialen Funktionen nicht ausfüllen, wenn sie dem Profitprinzip unterworfen sind, muss man auch für gesamtgesellschaftlich wirksame Entscheidungen sein. Und das schließt Planung immer mit ein. In diesem Zusammenhang hat Diane Elson einen interessanten Ansatz entwickelt. Sie zeigt, dass es nicht nur die berühmte »unsichtbare Hand des Marktes«, von der Adam Smith spricht, und Alfred D. Chandlers »sichtbare Hand« der großen Konzerne, also die Unternehmensplanung, gibt. Elson ist der Ansicht, es bedürfe einer »dritten Hand«, und sie meint damit die Intervention der Zivilgesellschaft in die Wirtschaft. Das heißt, es müssen bei der Steuerung ökonomischer Prozesse – ob nun durch den Markt oder den Plan – auch Interessen und Initiativen berücksichtigt werden, die nicht in der Welt der Ökonomie beheimatet sind. Dabei kann es sich um Gruppen handeln, die öffentliche Güter schützen oder den Zugang dazu regeln wollen, im sozialen Bereich aktiv sind, um Umweltschützer usw.

Man kann – anders als Mises oder Hayek behauptet haben – auf Planung überhaupt nicht verzichten. Betrachten wir einmal die großen Energieversorgungsnetze. Auch bei der Ölförderung wird heute prognostiziert und geplant. Wenn nun erneuerbare Energien die Versorgung abdecken und beispielsweise Solarkraftwerke in der Sahara errichtet werden sollen, dann muss dieses Energienetz selbstverständlich geplant werden, damit Strom auch dann zur Verfügung steht, wenn in Nordafrika keine Sonne scheint. Hier geht es um Planung in globalem Maßstab. Auf diesen Aspekt verweist auch Alex Callinicos in seinem *antikapitalistischen Manifest*. Interkontinentale, globale Projekte müssen Misstrauen wecken, denn ohne Autorität kann man nicht in solchen Größenordnungen planen. Die Alternative dazu wäre eine dezentrale Energieversorgung. Dann könnte auch die Regulation dezentral erfolgen – unter Einbeziehung ökonomischer, politischer und zivilgesellschaftlicher Akteure. Markt und dezentrale Zivilgesellschaft würden eine größere Rolle spielen. In diesem Fall jedoch müssten wir unser Lebensmuster radikal ändern.

Es wird bei diesem Beispiel deutlich, dass es sich bei der Frage nach Markt oder Plan keineswegs um technische ökonomische Probleme handelt, sondern um gesellschaftliche Strukturentscheidungen, um politische Weichenstellungen in einer hegemonialen Auseinandersetzung.

Erlauben Sie mir noch zwei Bemerkungen: Die These von Mises, dass Planwirtschaften statisch sind, ist einfach nicht richtig. Bis in die 1960er Jahre waren die Planwirtschaften außerordentlich dynamisch. Wenn es um eine aufholende Entwicklung geht, ist Planung offensichtlich sehr effizient.

Was nun Hayeks Argument angeht, der Markt sei ein »Entdeckungsverfahren«, so ist daran richtig, dass Märkte sehr viel Spontaneität ermöglichen und voraussetzen. Daher vermögen sie auch viel Fantasie freizusetzen. Aber ob dieses »Entdeckungsverfahren« immer dem Wohl der Menschen dient, ist zu bezweifeln. Man kann ja nur entdecken, was sich im Horizont des Marktes befindet, und das ist der Tümpel des ökonomisch Verwertbaren. Doch gibt es weite Ozeane, die mit dem Hayek'schen Entdeckungsverfahren immer unentdeckt bleiben. Insofern bedarf es einer Planung, um Entdeckungen zu ermöglichen, zu denen der Markt nicht in der Lage ist. Also: Das spontane »Entdeckungsverfahren« ist okay, aber es muss in eine Richtung gehen, die für Natur und Gesellschaft verträglich ist. Sonst stellt man irgendwann erschrocken fest, dass man mit dem »Entdeckungsverfahren« in einer Sackgasse gelandet ist.

RAUL ZELIK Die Kombination von Marktmechanismen und Planung hat bisher immer dazu geführt, dass sich die Konkurrenz durchsetzt. Der Markt hat die gesellschaftlich-solidarischen, planenden Strukturen auf Dauer unterminiert und verdrängt.

ELMAR ALTVATER Das würde ich nicht für zwangsläufig halten. Der Markt wird durch Planung gelenkt – im harten Fall mit Ver- und Geboten, im weicheren Fall mit finanziellen Anreizen, also zum Beispiel mit Steuern und Subventionen, mit Überzeugungsarbeit und Überredung. Auch die Neoliberalen sind der Ansicht, dass das Setzen eines Ordnungsrahmens nötig und möglich ist, deshalb heißen sie ja auch *Ordoliberale*. Ein solcher Rahmen muss nicht statisch sein. Er gibt dem Markt eine Richtung, was wiederum für das Handeln der Subjekte eine Bedeutung hat. Insofern korrigiert sich der Markt innerhalb eines Rahmens. Wenn dieser Ordnungsrahmen in Richtung Planung verdichtet wird, dann vor allem, weil Zielvorstellungen von zentralen Instanzen vorgegeben werden, die für die dezentralen Einheiten verpflichtend sind. Diesen Schritt würden die Neoliberalen nicht mitmachen, dies würden sie für eine ordnungspolitische Todsünde halten.

Ich halte die Verschränkung von Markt und Planung in einer komplexen arbeitsteiligen Gesellschaft für zwangsläufig. Es geht eher darum, mit welchen Kriterien und in welcher Weise die Verschränkung organisiert wird. Und, wie ich schon gesagt habe, die Eigentumsfrage spielt hier die entscheidende Rolle.

RAUL ZELIK Wir haben schon darüber gesprochen, trotzdem sollten wir die Probleme des Marktes noch einmal benennen. Erstens: Der reale Markt zeichnet sich nicht nur durch Freiheit der Wahl und Transparenz aus, wie es die liberale Theorie unterstellt. Und zwar deshalb, weil das Kapital und das Eigentum, die auf den Märkten agieren, gesellschaftliche Machtverhältnisse darstellen. Zweitens: Wenn der Markt mit Privateigentum oder auch nur starken privaten Vorteilen einhergeht, setzt sich das Partikularinteresse gegenüber dem Gemeininteresse durch. Das war in Jugoslawien der Fall: Der gesellschaftliche Zusammenhang wurde durch die materielle Interessiertheit der Betriebsbelegschaften unterhöhlt, bis das Land auseinanderbrach. Drittens: Dem Markt wohnt, wie die Sozialisten Anfang des 20. Jahrhunderts immer wieder betonten, eine Krisentendenz inne. Die Akteure wissen nicht, ob sich das, was sie herstellen, nachher verkaufen lässt, oder ob die eingesetzten Ressourcen verschwendet wurden.

ELMAR ALTVATER Was Sie von den Sozialisten zu Beginn des 20. Jahrhunderts sagen, trifft nur auf einen Teil von ihnen zu. Es gab ja heftige krisentheoretische Kontroversen, um die es heute trotz der großen Krise fast still geworden ist. Die krudeste Theorie lautete, dass die Krisen auf die Anarchie des Marktes zurückzuführen sind. Ich will hier nicht über die verschiedenen Krisentheorien sprechen. Aber es ist klar, dass man Krisen nicht auf Marktprozesse zurückführen kann, sondern ihre Ursachen in den Widersprüchen des kapitalistischen Reproduktionsprozesses suchen muss. Bei Marx heißt es, dass letztlich der Widerspruch zwischen beschränkter Konsumtionskraft der Massen und ausgedehnter Produktionskraft für die periodischen Krisen verantwortlich ist.

Außerdem sind Marktgesellschaften immer auch Geldgesellschaften. Im Geld werden, wie bereits erwähnt, Vergangenheit, Gegenwart und Zukunft miteinander verknüpft. Das heißt, Unsicherheit spielt eine Rolle. Wenn Risikofälle gehäuft auftreten, lösen sie Krisen aus. Neben dem Aspekt der Krisenhaftigkeit gilt es zweitens die Ungleichheit zu berücksichtigen, die der Markt fördert. Der Markterfolg bemisst sich am Gewinn, und Gewinne sind Zuwächse an Einkommen. Diese sind sowohl funktionell als auch personell ungleich. Die Zuwächse von Gewinnen sind zumindest in den guten Zeiten der Konjunktur höher als die der Lohneinkommen; die einen machen einen besseren Schnitt als die anderen. Es kommt also zu einer Produktion von Ungleichheit. Die Neoliberalen, die von einem sinnvollen Leistungswettbewerb sprechen, halten das für gut und gerecht. Wenn sich auch die Steuerpolitik an solchen neoliberalen Vorstellungen orientiert, verschärft sich die Ungleichheit auf extreme Weise. Es braucht also ein Korrektiv. Das war früher der Sozialstaat; der ist jedoch in den vergangenen Jahren weitgehend abgebaut worden. Mit der wachsenden

Ungleichheit entstehen hohe Geldvermögen. Die wachsenden Privatvermögen suchen nach rentabler Anlage irgendwo im globalen Raum. Die vom Markt geförderte Ungleichheit ist die Mutter der globalen Spekulation. Die globalen Finanzmärkte sollten, so lautet die neoliberale Lehre, »Effizienzmärkte« sein und den »Wohlstand der Nationen« heben. Was die theoretische Kritik schon immer hervorgehoben hat, ist in der Finanzkrise empirisch bestätigt worden. Die liberalisierten, also nicht geplanten und durch eine vernünftige Finanzordnung nicht regulierten Märkte haben eine Spekulationsblase hervorgebracht und eine schwere Finanzkrise ausgelöst. Soziale Katastrophe und ökonomische Ineffizienz stehen also in einer Beziehung zueinander. Die positiven Aspekte des Marktes gehen dabei faktisch verloren.

RAUL ZELIK Von Michael Krätke, einem in Lancaster unterrichtenden Politökonomen, gibt es einen ziemlich konkreten Vorschlag für eine utopische Transformation. Krätke schlägt eine Verbindung von Wirtschaftsdemokratie und Vergesellschaftung vor. Die Betriebe sollen in Gemeinbesitz übergehen und demokratisch selbstverwaltet werden – aber weiter privatwirtschaftlich kalkulieren. Für Investitionsentscheidungen müssten sich diese Unternehmen weiter Kapital besorgen, das von Genossenschaftsbanken auf der Grundlage von auch politischen Kriterien – etwa der ökologischen und sozialen Verträglichkeit von Investitionsprojekten – vergeben wird. Markt und Kapital blieben also bestehen, obwohl sie in den Händen aller wären.

Ich zweifle nicht daran, dass das eine Gesellschaft wäre, in der es sich besser leben ließe. Aber auch diese Gesellschaft wäre atomisiert. So wie die jugoslawische Gesellschaft würde sie irgendwann implodieren.

ELMAR ALTVATER Ja, der Vorschlag orientiert sich offensichtlich
am jugoslawischen Marktsozialismus. Ihm wohnt dabei
ein Widerspruch inne. Er ist nicht radikal genug, um die
Gesellschaft von Grund auf zu verändern, gleichzeitig aber
erscheint er aus der heutigen Perspektive viel zu radikal,
weil er auf eine Entmachtung der ökonomischen Eliten,
der ökonomischen Machthaber hinauslaufen würde.

Sympathisch an Krätkes Vorschlag finde ich, dass er
auf dezentralen Wirtschaftseinheiten beruht, die auch
über Marktelemente miteinander verknüpft sind, wobei
aber gleichzeitig gesamtgesellschaftlich geplant wird. Das
ist sinnvoll, wenn die dezentralen Einheiten mit genos-
senschaftlichem, kommunalem, traditionellem Eigentum
usw. operieren. Das könnte ein sinnvoller Übergangsweg
sein, der aus der kapitalistischen Krise herausführt. Verschiedene gemeinschaftliche Eigentumsformen, eine gesellschaftliche Planung, auch Marktmechanismen und die
»dritte Hand« der Zivilgesellschaft, also die Aktivitäten
sozialer Bewegungen – all das könnte eine »solidarische«
Ökonomie bilden. Die große Frage, die immer zu beantworten ist, lautet, wie die Vermittlung von kommunaler,
nationalstaatlicher, europäischer, globaler Ebene organisiert werden könnte. Grundsätzlich müsste man in einer solchen Plan-Markt-Gemeinwirtschaft wohl stark
mit dem Subsidiaritätsprinzip arbeiten – also so viel wie
möglich auf der überschaubaren lokalen Ebene regeln und
entscheiden. Aber nicht alles, da wir ja »Mehrebenen-
existenzen« sind.

Nun ist die Frage, ob es mehr Plan oder mehr Markt,
nur staatliches oder auch privates Eigentum geben soll, zwar
wichtig, aber nicht so ausschlaggebend wie die Frage nach
dem Energiemodell. Wenn ich bei dem fossilen Energie-

modell bleibe oder die Infrastruktur dieses Modells bei-
behalte, indem ich beispielsweise in erster Linie auf große
Solarkraftwerke in der Sahara und somit auf zentralisierte
Großtechnologie setze, dann werde ich nur schwer gesellschaftliche Alternativen realisieren können. Aus dem Energiemodell leitet sich auch die Form des gesellschaftlichen
Zusammenlebens, der Grad an politischer Zentralisierung,
an Delegation von Entscheidungen ab. Das heißt im Umkehrschluss: Eine andere Gesellschaft bedarf auch eines
neuen Energiemodells. Wenn wir dezentrale Eigentums-
und Entscheidungsformen haben wollen, können wir uns
kein zentralistisches, konzentriertes, großtechnologisches
System der Energieversorgung leisten, gleichgültig ob es auf
fossilen Energieträgern oder auf gigantischen Kraftwerken
zur Produktion erneuerbarer Energie (Solarstrom z.B.) beruht. Das und die zuvor genannten Punkte – also kollektive
Eigentumsformen und Steuerung über Plan und Markt –
sind in einen Zusammenhang zu setzen.

Eine weitere wichtige Frage ist das Problem des Geldes. Wenn es Geld- und Finanzmärkte gibt, ist stets die
Gefahr gegeben, dass diese Märkte aus dem Ruder laufen. Wie gesagt: Marktwirtschaften sind Geldwirtschaf-
ten mit all den negativen Effekten, die heute in der Krise
deutlich zutage treten. Ich muss das Geld also regulie-
ren und reglementieren. Das ist der Grund, warum attac entstanden ist: Kontrolle der Finanzmärkte, also: das
Verbot von Offshore-Zentren und bestimmten Spekula-
tionsgeschäften, Schließung von Hedgefonds etc. Wenn
es also auch in einer anderen, nennen wir sie vorsichtig
»post-kapitalistischen Ökonomie« Kapitalmärkte gäbe,
müssten diese einen ganz anderen, viel beschränkteren
Charakter haben, als es heute der Fall ist.

RAUL ZELIK Geld und Märkten wohnt ein starker Fetischcharakter inne: Wir sind trainiert, diese Zusammenhänge
als naturgegeben, normal, unantastbar oder sogar heilig
zu akzeptieren – was sie aber keineswegs sind. Mit Dis-
tanz betrachtet ist es geradezu absurd, dass man Güter
und menschliche Handlungen gegen bedruckte Papierzettel tauschen kann. Wenn man jemandem, der außerhalb einer Geldgesellschaft groß geworden ist, von einer solchen Welt erzählte, würde er dies als Fantasterei
bezeichnen.

Müssen wir mit unseren Gegenentwürfen also nicht
mindestens so radikal sein, dass wir das Vergängliche, das
Fetischhafte des Bestehenden deutlich machen? Sollten
wir nicht, ausgehend von den existierenden Solidarpraktiken in der Gesellschaft, den Äquivalententausch – also
das Prinzip, dass ich den gleichen Wert erhalten muss,
den ich hergebe – grundsätzlich in Frage stellen? Warum
stellen wir nicht die kooperativen, die kommunistischen
Prinzipien in den Vordergrund, bei denen sich der persönliche Nutzen aus dem allgemeinen ergibt?

ELMAR ALTVATER Jetzt versetzen Sie sich in Freitag, der Robinson beschreibt und den schiffbrüchigen englischen Gen-
tleman nur seltsam, komisch, erstaunlich finden kann, so
wie umgekehrt Robinson Freitag aus seiner kolonialistisch
verengten Perspektive sieht. Ja, viele soziale Formen, die
im Kapitalismus seit Hunderten von Jahren selbstverständlich erscheinen, sind es aus »postkolonialer« Perspektive
überhaupt nicht. Das ist ein wichtiger Einwand, wenn
man sich an die Vermessung der Utopie macht. Gleich-
wohl: Märkte beruhen nicht nur auf Äquivalententausch,
sondern auch auf Reziprozität. Um (gleichwertige) Güter oder Dienstleistungen tauschen zu können, unterhält

man wechselseitige Beziehungen, wobei man eine gewisse Verlässlichkeit der anderen Seite annimmt. Das heißt, die Gegenleistung muss nicht unbedingt sofort und äquivalent erfolgen, sondern kann auch mit zeitlicher Verzögerung eintreten. Die weichen Prinzipien von Angemessenheit, »Sitte« und »Anstand« spielen eine wichtige Rolle. Märkte beschränken sich nicht auf das harte Äquivalent. Auf der Grundlage von Reziprozität, also Wechselseitigkeit, funktionieren sie in der Regel auch besser als auf der von harter Äquivalenz. Darin steckt aber auch eine Gefahr, wie man in Italien – und anderswo - beobachten kann. Das von den Sozialwissenschaften in den vergangenen drei Jahrzehnten intensiv erforschte *terza Italia*, das dritte Italien, schien ökonomisch so erfolgreich zu sein, weil dort eben nicht nur äquivalente Marktbeziehungen existieren, sondern auch soziale Netzwerke mit Reziprozitätsbeziehungen eine große Rolle spielen. Inzwischen ist eine gewisse Ernüchterung eingetreten. Netzwerke können nämlich auch Fallen sein, aus denen man nicht herauskommt. Reziprozität kann zur Erpressung werden, aus politischen Klientelbeziehungen erwachsen viele kleine Berlusconis. Netzwerke und Reziprozität können auch Einfallstore für Korruption darstellen.

Sie haben allerdings recht, dass Solidarität – die man übt, ohne Gegenleistungen zu erwarten – noch etwas Drittes ist und einen Schritt weitergeht. Äquivalenz und Reziprozität sind im harten bzw. weichen Sinne kontraktualistisch, also vertragsförmig. Individuen treffen eine Vereinbarung. Solidarität hingegen geht von der Einheit der Gesellschaft, von einem Kollektiv aus. Beziehungen zwischen Individuen sind die Beziehungen zwischen Kollektivmitgliedern.

Ich glaube, dass auch hier verschiedene Formen gleichzeitig ihren Platz haben: Äquivalenz, Reziprozität, Solidarität. Dazu kämen, wie schon erwähnt, verschiedene, vor allem gemeinschaftliche Eigentumsformen, ein alternatives, dezentrales Energiemodell, eine Kombination der Steuerungsmechanismen Plan und Markt sowie wirtschaftsdemokratische, partizipative Entscheidungsformen. Eine Gesellschaft, die darauf beruhte, wäre im traditionellen Sinne des 19. oder frühen 20. Jahrhunderts vielleicht nicht als sozialistisch zu bezeichnen. Aber es wäre eine andere, viel menschlichere Gesellschaft. Eine Gesellschaft, in der die Menschen an der Wirtschaft nicht mehr nur als Subalterne beteiligt wären, sondern sie auf verschiedenster Ebene gestalten. Es wäre eine echte Alternative.

RAUL ZELIK Fassen wir das noch einmal thesenartig zusammen:

1) Ein utopischer Gegenentwurf lässt sich nicht »planen«. Es gibt keinen Königsweg der Emanzipation. Entscheidend ist, dass etwas in Gang gerät. Also dass die Gesellschaft, die gesellschaftliche Mehrheit, zumindest schrittweise, die Kontrolle über Ökonomie und Arbeit zurückerlangt. Ob das nun dadurch geschieht, dass man der Privatisierung von Wasserwerken und Energievorkommen Einhalt gebietet, wie das in Ländern Lateinamerikas der Fall war, oder die Belegschaften von bankrotten Unternehmen ihren Betrieb besetzen und in Eigenregie weiterführen oder aber sich militante Proteste gegen die Abwälzung der Krise nach unten entwickeln ist zweitrangig.

2) Unsere konkrete Utopie zielt darauf ab, mit Natur, Arbeit und Ressourcen rationaler umzugehen. Sie ist deshalb

auch regulierend: Die Gesellschaft muss sich vom Profit-
und Akkumulationszwang des Kapitals befreien, aber sie
muss gleichzeitig viele Dinge, die uns heute – zumindest
in den Industrieländern – normal erscheinen, aufgeben.
Zum Beispiel das Automobil: Wenn alle Menschen sich
damit bewegten, wäre die Natur am Ende. Es geht also um
einen anderen Lebenszuschnitt, ein anderes Konsum- und
Verbrauchsmodell. Trotzdem hat Sloterdijk mit seinem
»Du musst dein Leben ändern« unrecht. Über individuelles Handeln lassen sich die Verhältnisse nicht ändern.
Wir brauchen den gesellschaftlichen Gegenentwurf, das
kollektiv erarbeitete und durchgesetzte Projekt.

3) Unsere Utopie ist in einem radikalen Sinne demokratisch, also auch rätedemokratisch: Die Menschen entscheiden gemeinsam, was und wie produziert, was und wie
gearbeitet wird. Das zentrale Kriterium im Emanzipati-
onsprozess ist, ob die Partizipations- und Entscheidungs-
möglichkeiten der Mehrheit vergrößert werden. Dass es
dadurch zu neuen Konflikten – zum Beispiel in der Frage
des Konsums – kommen wird, liegt auf der Hand …

ELMAR ALTVATER … eine utopische Gesellschaft ist keine
Kuschelecke. Ohne Konflikte käme das gesellschaftliche
Leben zum Stillstand – und das kann ich mir auch nicht
als erstrebenswert vorstellen.

RAUL ZELIK 4) Unsere Utopie zielt auf ein anderes Verhältnis gegenüber der Technik ab – weder technikfeindlich
noch fortschrittsgläubig. Das Ziel muss lauten, die Möglichkeiten, die Wissenskultur der Menschheit, radikal
anders einzusetzen. Sie haben das Problem am Beispiel
des Energiemodells bereits umrissen: Wenn die Energieproduktion zentralisiert ist, wird sie – egal, ob sie auf
fossilen Brennstoffen, Atomkraft oder gigantischen So-

larkraftwerken beruht – imperial und autoritär gesichert werden. Es geht also nicht nur um eine andere Nutzung der Technik, sondern auch um andere Anwendungen und Formen.

5) Unsere Utopie ist marktkritisch. Eine andere Gesellschaft muss sich dadurch auszeichnen, dass sie auf den Prinzipien von Solidarität und Kooperation beruht. Gleichzeitig geht es aber auch darum, dass autonome Handlungsspielräume in der Ökonomie gewahrt bleiben. Im Rahmen zentraler Planung war das in der Vergangenheit kaum möglich. Insofern heißt Antikapitalismus nicht zwangsläufig das Verschwinden von Märkten. Wesentlich ist, dass über die Entfaltung der Ökonomie gemeinsam, bewusst, demokratisch entschieden wird. Wie man solche Entscheidungen umsetzt, die Ökonomie »steuert«, ist zwar nicht belanglos, aber zweitrangig.

6) Entscheidend ist die Eigentumsfrage. Die Herrschafts- und Entscheidungsstrukturen einer Gesellschaft haben mit der Form ihres Eigentums zu tun. Wir reden jetzt nicht über die Wohnung, in der man lebt, oder den einfachen Handwerksbetrieb. Es geht um Eigentum in großem Stil: an Produktions- und Investitionsgütern. Eine Gesellschaft, die auf Privateigentum dieser Güter beruht, bringt tendenziell große Gegensätze und Klassenherrschaft hervor. Aber auch die auf Staatseigentum beruhende Gesellschaft zeichnet sich durch extreme Machtkonzentration aus. Wir müssen das gesellschaftliche Eigentum also neu bestimmen und erfinden. Die Verwaltung von Eigentum muss in einem solchen, letztlich überschaubaren Rahmen stattfinden, sodass Produzenten, Konsumenten, gesellschaftliche Initiativen usw. demokratisch über den Einsatz des Eigentums bestim-

men können. Der Nutzen hingegen sollte gesamtgesellschaftlich sein.

ELMAR ALTVATER Das ist die Dialektik von Dezentralität und Zentralität. Es geht bei der »Verwaltung« des Eigentums gar nicht anders, als Koordinierung über den Markt mit politischer Planung zu verbinden. Wenn dabei demokratische Partizipation gewährleistet sein soll, müssen auf allen gesellschaftlichen Ebenen entsprechende Entscheidungsstrukturen geschaffen werden. Das ist ein Prinzip. Die konkrete Ausgestaltung selbst kann nur in einem demokratischen Prozess entwickelt werden.

RAUL ZELIK Wir haben über zwei Monate insgesamt 20 Stunden miteinander diskutiert. Unser Gespräch hat mit einer Bemerkung zum Begriff der »Vermessung« angefangen. Ich würde zum Ende hin gerne einige Gedanken zum Untertitel formulieren. Der Begriff der »kommenden Gesellschaft« lehnt sich an Giorgio Agambens »Kommende Gemeinschaft« an; dabei handelt es sich um eine Aufsatzsammlung mit ziemlich messianischem Unterton. Nun hat sich der viel diskutierte italienische Philosoph und Walter-Benjamin-Herausgeber Giorgio Agamben in den vergangenen Jahren in erster Linie als Kritiker von Herrschaftsverhältnissen hervorgetan. Breit wahrgenommen wurde seine These, nach dem 11. September 2001 sei eine Art globaler Ausnahmezustand verhängt worden und drohe sich in ein »allgemeines Paradigma des Regierens« zu verwandeln. Agamben beschreibt den Ausnahmezustand – mit Walter Benjamin – als »Schwelle«. Eine Schwelle charakterisiert sich dadurch, dass sie gegensätzliche Zustände ineinander überführt. Im Ausnahmezustand werden Gegensätze ununterscheidbar: Recht und Willkür, aber auch Innen und Außen fallen in eins. Am

US-Gefangenenlager Guantánamo kann man diese These ganz gut nachvollziehen: Das Lager ist Teil der US-amerikanischen Staatlichkeit – und liegt doch außerhalb von US-Recht und -Territorium. Ein Lager mitten in den USA, das sich doch außerhalb befindet.

Der griechische Urbanist Stavros Stavrides hat nun eine These formuliert, die mir ganz gut zu unserer Debatte zu passen scheint. Stavrides schlägt auf der Grundlage von Benjamin und Agamben vor, den Begriff der »Schwelle« auch für utopische Projekte, für Projekte der Emanzipation zu verwenden. Stavrides argumentiert, dass die Schwelle einen Übergangszustand darstellt, eine Passage. In diesem Zustand ist das Alte voll präsent; gleichzeitig eröffnet sich eine Potenzialität des Andersseins (*otherness*).

Ich finde das deswegen interessant, weil sozialistischen Projekten bisher vor allem zwei Konzepte zugrunde lagen: evolutionärer Übergang oder revolutionärer Bruch, oft auch in Verbindung miteinander. Dem »Übergang« geht ein evolutionistisches Geschichtsverständnis voraus: Die befreite Gesellschaft lässt sich definieren, auf dem Weg dahin müssen vorherbestimmte Stadien durchschritten werden. Dem »Bruch« dagegen liegt ein messianisches, chiliastisches Verständnis zugrunde. Die Revolution ist demnach wie das Jüngste Gericht: Danach ist alles anders.

Wenn ein historischer Entwicklungsweg vorherbestimmt ist, liegt aber auch nahe, dass eine Avantgarde diese Evolution anleiten kann. Darauf beruhen die Prinzipien der Repräsentation, und konkreter: die Existenz parteikommunistischer Staatsapparate. Sie führen die Befreiung hin zu einem feststehenden Zustand. Bewegungen, die in erster Linie auf einen Bruch abzielen, blenden hingegen aus, wie aus dem Existierenden Zukünftiges entsteht.

Und hier landen wir schließlich bei der Schwelle. Sie ist eine Passage, in der alles Alte anwesend ist, sich aber dennoch der Raum des Neuen öffnet. Ich glaube, das ist ein gutes Bild für kommende Herausforderungen. Eine sich emanzipierende Menschheit betritt eine Schwelle. Ob sie diese wirklich überschreitet, wie sie den Raum dahinter gestaltet – das ist offen. Es gibt starke Interessen, die Überschreitung zu verhindern. Aber die Potenzialität ist da. So wie an der Schwelle zum Erwachsenwerden das jugendliche Kind sein bisheriges Dasein nicht völlig aufgibt und danach doch ein anderer sein wird, so ist auch das Projekt Utopie eine Passage, in der eine Kontinuität des Bestehenden gewahrt ist und sich doch der Raum für völlig Anderes öffnet.

Das ist die Kunst der Befreiung, der Schritt, der zu wagen ist: anders werden, sich der Potenzialität, der Möglichkeit des Menschseins bewusst werden, ins Offene treten, sich trotzdem im Bestehenden bewegen. Utopie in unserem Sinn ist kein festes Modell, weil es mithilfe von Modellen keine wirkliche Emanzipation gibt. Und doch kann man – sicher auch präziser, als wir es getan haben – konkrete Politikansätze benennen, die nötig wären und möglich sind, um die Schwelle zum Anderen zu betreten, die Tür ins Offene aufzustoßen.

ELMAR ALTVATER Wir werden alternative Politikansätze nicht wie eine Braut auf Händen über die Schwelle tragen. Doch Scherz beiseite. Der Begriff der Schwelle kann auch irreführend sein. Denn die Utopien, die wir hier verfolgen, die Auseinandersetzungen um konkrete Utopien und alternative Projekte, finden bereits vor der Schwelle statt. Die Tür ins Offene ist geschlossen, und vor ihr haben sich Türwächter postiert – die alles daransetzen, die vielen Menschen, die die Tür ins Offene aufstoßen wollen, eben daran zu hindern. Die Türwächter sind nicht nur die Büttel der Herrschenden, sondern auch mangelnde Organisation, theoretische Fehler, in Verbindung mit Schwester Verzagtheit und Bruder Desorientierung. Mit anderen Worten: Wir müssen, um die Tür ins Offene aufzustoßen, noch gehörig an uns arbeiten, gerade weil wir keinem festen Modell folgen wie einem Masterplan. Das utopische Nirgendwo wird zum Irgendwo, und dieses zum Hier und Heute durch viele Experimente, die wohldurchdacht und zielgerichtet, aber zugleich offen sein müssen. Vielleicht gibt es auch nicht nur eine Tür, die aufgestoßen werden kann? Vielleicht überschreiten wir eine andere Schwelle als die, die wir zunächst erblickt haben – ins Offene …

Die Transformation
und ihre Subjekte

RAUL ZELIK Als wir 2009 an *Die Vermessung der Utopie* gearbeitet haben, lag der Ausbruch der Finanzkrise in den
USA erst wenige Monate zurück. Obwohl natürlich auch
damals schon klar war, dass gesellschaftliche Veränderungen nicht einfach »objektiv« auf Krisen folgen, sondern
erkämpft werden müssen, hat mich die Kontinuität des
Neoliberalismus seitdem denn doch überrascht. Ich hatte
– vielleicht etwas naiv – erwartet, dass das Scheitern der
neoliberalen Marktideologie allgemein anerkannt wird.
Doch das Krisenmanagement, vor allem in Europa, hat an
der neoliberalen Doktrin, die die Finanzkrise ja maßgeb-
lich verursacht hat, festgehalten und diese Politik sogar
weiter intensiviert. Es gab zwar eine massive Intervention
des Staates, aber – was wir ja seinerzeit schon thematisiert haben – ausschließlich zugunsten des Finanzkapi-
tals. Auf diese Weise wurden die Ökonomisierung des
sozialen Lebens und die Stärkung privater Interessen auf
Kosten öffentlicher oder gemeinschaftlicher Güter noch
weiter vorangetrieben …

ELMAR ALTVATER … und die Ungleichverteilung von Vermögen
und Einkommen hat sich noch weiter verschärft – was
die Debatte um das Buch von Piketty über *Das Kapital
im 21. Jahrhundert* ausgelöst und sogar dazu geführt hat,
dass sich eher konservative und liberale Wirtschaftswis-
senschaftler mit Verteilungsfragen, mit Ungleichheit von
Vermögen und den Auswirkungen auf die politische Stabilität beschäftigen.

RAUL ZELIK Woran liegt es, dass der neoliberale Durchmarsch auf so wenig Widerstand gestoßen ist? Ich denke, das hat mit der sehr erfolgreichen Regierung der Subjekte im Neoliberalismus zu tun. Der Jugendforscher Bernhard Heinzlmaier hat in einem Interview mit der *Wirtschaftswoche*, das den schönen Titel »Kapitalismus funktioniert auch mit Blöden« trug, gesagt: »Die Krise wirkt hochgradig disziplinierend. Sie produziert Angst, dass ein gutes Leben nicht mehr selbstverständlich erscheint. Deswegen sehe ich einen Trend zu einer pragmatischen Lebensführung.«

Man könnte, wie manche Beobachter, sicher auch darauf verweisen, dass die Krise der letzten Jahre keine Krise *des* Kapitalismus, sondern eher eine Krise des *transatlantischen* Kapitalismus war: Manche Weltregionen waren weniger betroffen als die traditionellen Zentren in Europa und Nordamerika. China, Südostasien, teilweise auch Lateinamerika sind relativ gut durch die Krise gekommen. Aber entscheidender als dieser geopolitische Einwand, der die ökologischen und sozialen Dimensionen der Krise unterschlägt, scheint mir dieser oben genannte Aspekt zu sein: Es ist vor allem deshalb bisher nicht zu einem Politikwechsel gekommen, weil der Neoliberalismus so erfolgreich individualisierende und sogar offen asoziale Lebensführungen hervorbringt und es dementsprechend kaum Orte gibt, an denen sich politische Akteure formieren könnten. Anders ausgedrückt: Der Neoliberalismus produziert Subjekte, denen kollektives Handeln widerstrebt.

ELMAR ALTVATER Das ist nicht nur Resultat »weicher« Ideologie, sondern auch »harter« Betonlandschaften. »Hier in Hongkong«, schreibt Christian Kracht in *Der gelbe Blei-*

stift, »wird man architektonisch gezwungen, durch Einkaufspassagen zu gehen, an Geschäften vorbei, durch Geschäfte hindurch. Es ist eigentlich völlig unmöglich, auf der Straße spazieren zu gehen; man wird als Passant riesengroße Rolltreppen hinaufgepresst, die einen von einer kilometerlangen Einkaufspassage in die nächste schicken, ohne dass man jemals die Straße berühren müsste. Einkaufen wird so zum ersten und letzten Existenzzweck; die Fortbewegung durch den Raum dient nur dem Leeren der Kreditkarte.« Die neoliberale Ideologie von Individualität und Konsumentensouveränität ist also »konkretisiert«. *Concret*, das ist in den romanischen Sprachen das Wort für »Beton«. Man muss also in Beton gegossene, inzwischen urbane und von vielen auch angeeignete und akzeptierte Beton-Strukturen umwidmen, manche auch zerstören, um wieder Freiräume für Alternativen zu schaffen. Unsere Städte sind nicht nur »unwirtlich«, wie Alexander Mitscherlich schon in den 1960er Jahren analysierte, sondern sie sind heute das von Max Weber so bezeichnete »Gehäuse der Hörigkeit«, aus dem es schwer ist auszubrechen.

RAUL ZELIK Der spanische Soziologe und Kulturtheoretiker César Rendueles hat in *Soziophobie* etwas Ähnliches beschrieben. Seine These ist, dass – was wir heute völlig verkennen – der Liberalismus zu seiner Zeit ein utopisches Projekt war: ein gesellschaftsphobisches Programm, durch das traditionelle soziale Bindungen zertrümmert und dann auf rationaler, reduzierter Grundlage neu geschaffen werden sollten. Rendueles zeichnet das unter anderem am Beispiel des liberal-rationalistischen Utopisten Bentham nach. Bentham ist ja bekanntlich der Erfinder des Panoptikums. Rendueles zufolge geht es beim Panoptikum darum, direkte soziale Beziehungen zu zerstören: Das Verhältnis zwischen Gefängniswärter und Häftling wird drastisch reduziert. Anstelle der direkten Interaktion – der unmittelbaren Überwachung – tritt die indirekte Interaktion: das Wissen um die mögliche Überwachung. In dieser und vielerlei anderer Hinsicht hat der Liberalismus und sein subjektloses Entscheidungsinstrument – der Markt – soziale Bindungen in einer nie da gewesenen Radikalität aufgelöst. Und der Neoliberalismus hat das noch weiter vorangetrieben: in die Gestaltung von urbanen Räumen, ins gesellschaftliche Bewusstsein, aber eben auch in die einzelnen Körper hinein.

Ein antikapitalistisches Gegenprojekt müsste sich also viel intensiver mit der Frage beschäftigen, wie sich das Soziale, das gemeinsame gesellschaftliche Handeln von Vielen wieder entfalten könnte. Wo entstehen kollektive Akteure, die sich dem neoliberalen Ich-Regime von Angst und Konsumismus widersetzen? Und wie könnte ein politisches Handeln aussehen, das zum Entstehen von Kollektivität beiträgt?

Ich denke, dass das ein Grund dafür ist, warum neogramscianische Theorieansätze wie die von Chantal Mouffe und Ernesto Laclau in den letzten Jahren so viel Beachtung gefunden haben. Das Politische und der Kampf um Demokratie sind Orte, an denen soziale Akteure entstehen. Letztere konstituieren sich nicht »von selbst« in Arbeitsprozessen, sondern müssen in politischen Auseinandersetzungen wachsen. Und das wiederum führt uns zu unserer Utopie-Diskussion von vor sechs Jahren zurück. Die Kritik der Verhältnisse und die utopischen Gegenentwürfe sind belanglos, wenn es nicht auch politische Bewegungen gibt, die der Kritik Relevanz verleihen. Utopien brauchen konkrete Ansatzpunkte, konkrete Orte des Sozialen.

ELMAR ALTVATER Ja, über das »Nirgendwo« kann man sich nur am konkreten Ort verständigen, und soziale Auseinandersetzungen um Alternativen finden in der Jetztzeit statt. Aber Alternativen sind keine, wenn nicht die Weichen der Entwicklung gestellt werden. Man muss Neues wagen, und dazu gehört Mut. Mutig sein gilt zwar als positive Eigenschaft, aber nur wenige sind es. Denn Angst ist eine verbreitete Reaktionsweise auf die existenzielle Unsicherheit aller Individuen in der vom Markt regulierten kapitalistischen Gesellschaft. Unternehmer und Kapitaleigner können pleitegehen, spekulierende Geldvermögensbesitzer setzen auf die falschen Investments und verlieren, Lohn- und gehaltsabhängige Arbeiter und Angestellte werden entlassen, verlieren mit dem Arbeitsplatz ihr gewohntes Einkommen und müssen nach einer Übergangsfrist auf Hartz-IV-Niveau runter. Unsicherheit gehört seit eh und je zur »proletarischen Existenz«. Unsicherheit hat es immer gegeben – und dann auch die Strategien der Absicherung dagegen. Unsicherheit und die daraus resultierende Angst sind Disziplinierungsmechanismen. Man kann im Gebet den lieben Gott anrufen oder einen Heiligen als Schutzpatron anbeten. Man kann sich zusammentun und sein Eigentum und Leben gegen Bedrohungen verteidigen. Man kann diese Aufgabe an den Staat delegieren, der damit eine funktionale Begründung findet. Man kann sich wie in den USA eine Knarre kaufen und sich gegen Einbrecher in Stellung bringen.

Die Frage der Sicherheit gewinnt an Relevanz, dies hat Karl Polanyi in seiner Analyse der »großen Transformation« der kapitalistischen Gesellschaften zur modernen

Marktwirtschaft seit dem Ende des 18. Jahrhunderts hervorgehoben. Wenn der Markt »aus der Gesellschaft entbettet« ist, werden die zur Ware degradierten Arbeitskräfte der Profitlogik gehorchend wie in einer »Satansmühle«, so der Ausdruck von Polanyi, willen- und einflusslos herumgeworfen. Dass aus dieser extremen Verunsicherung heraus eine friedliche, ausgeglichene, reiche Gesellschaft entstehen könnte, ist eine Utopie, eine schwarze Utopie, eine Dystopie. Dagegen haben sich soziale Bewegungen, vor allem die Gewerkschaften, gebildet und in zum Teil erbitterten Kämpfen soziale Sicherungssysteme des Sozialstaats erkämpft. Sie haben dazu den Mut der Gesellschaftsänderung aufbringen müssen. Denn sie sind auf den Widerstand der Herrschenden, der Medien, der Staatsgewalt gestoßen. Wenn es ein gut ausgebautes System des Kündigungsschutzes und der Arbeitslosenversicherung in einer demokratischen Gesellschaft gibt, braucht niemand Angst davor zu haben, aus dem Job geworfen zu werden.

Freilich hat die »neoliberale Konterrevolution« seit den 1970er Jahren – wir haben schon darüber gesprochen – dafür gesorgt, dass viele der sozialen Schutzrechte abgebaut worden sind. Die Globalisierung der Weltwirtschaft ist daher auch eine »Globalisierung der Unsicherheit« (darüber haben Birgit Mahnkopf und ich ein Buch geschrieben), die für das von Ihnen erwähnte »Regime der Angst« verantwortlich ist. Denn Unsicherheit erzeugt dann Angst, wenn die oder der einzelne keinen Weg erkennen kann, auf dem man der Unsicherheit entkommen könnte. Albert Hirschman hat zwei Reaktionsweisen genannt: *exit* und *voice*; die dritte, nämlich *loyalty*, ist in unserem Kontext nicht so relevant. Eine Flucht ist ausgeschlossen; es gibt schon zu viele Flüchtlinge in der Welt, und deren in Fernsehberichten dokumentiertes Schicksal schürt eher die Ängste vor weiterem Abstieg, als dass sie gemindert werden könnten. Beispiele für *voice* gibt es natürlich, auch in der jüngeren Geschichte. Aber erfolgreiche Proteste und massenhafter Widerstand gegen den von dem kanadischen Politikwissenschaftler Stephen Gill so genannten »disziplinierenden Neoliberalismus« – übrigens bezeichnet er das Panoptikum, das Sie erwähnt haben, als ein solches Disziplinierungsinstrument – sind selten und verweisen auf die Notwendigkeit, einen langen Atem aufzubringen, die berühmten »dicken Bretter mit Geduld und Augenmaß« zu bohren und dabei neue Allianzen zu schmieden. Das ist wahrscheinlich einer der tieferen Gründe, warum in den von der Wirtschafts- und Finanzkrise betroffenen Gesellschaften neue politische Subjekte die Bühne betreten mit neuen Aktionsformen. Es gibt viele Beispiele, manche sind spektakulär wie *Podemos* in Spanien, manche nach kurzer Zeit eher enttäuschend wie die *Cinque Stelle* in Italien.

Es tanzen also keine überzeugten und überzeugenden, selbstbewussten Subjekte in eine vorbereitete Szene. Diese muss vielmehr besetzt werden: *blockupy*. Der politische Raum muss wieder zurückerobert, zum Teil neu geschaffen werden. Der Neoliberalismus war vor allem in der Zerstörung des Gesellschaftlichen sehr erfolgreich, das haben Sie ja schon erwähnt. Als Margret Thatcher zu Beginn der 1980er Jahre erklärte, sie kenne »no such thing as society«, hat die kritische Linke dies für zynisch und dumm gehalten und daher die Perfidie nicht ernst genommen, dass die Neoliberalen, wenn sie die Gesellschaft nicht wahrhaben wollen, deren Institutionen, sofern sie nicht zu den von Louis Althusser so genannten »repressiven Staatsapparaten« wie Polizei und MIlitär gehören, auch zerstören können. Und die großflächige und alle Lebensbereiche erfassende Privatisierung und Individualisierung mit den von Ihnen angedeuteten Kompensationen eines verblödenden Konsums ist die Zerstörung des Gesellschaftlichen und der Individuen als gesellschaftlich handlungsfähige Individuen.

Es ist schrecklich, dass diese Logik auch militärisch durchgesetzt wird, so etwa während des Gaza-Krieges vom Sommer 2014. Wenn Politiker »no such thing as society« kennen, können sie auch die Infrastruktur, ohne die keine Gesellschaft überleben kann, der militärischen Zerstörung preisgeben. Krankenhäuser und Schulen, Kraftwerke oder die Wasserversorgung, Moscheen und Rathäuser werden kaputt gebombt, um die Netzwerke der Gesellschaft und nicht nur Bauwerke zu treffen.

Die Kämpfe heute können daher nicht in einem schon in der Geschichte sozialer Kämpfe vorgeformten politischen Raum geführt werden. Dieser muss in den Auseinandersetzungen um konkrete politische Fragen erkämpft, geformt werden. Das verweist auf die Bedeutung von Inhalten, von politischen Forderungen und auf die Wichtigkeit der politischen und sozialen Formen und der Symbolik von politischen Orten. Utopie ist also nicht als »Nicht-Ort« oder »Unort« zu übersetzen, sondern eher als »Eutopos« zu verstehen. Die »Eutopie«, das ist die Vorstellung vom »guten Leben«, das hier und heute nicht da ist und nicht erst in einer fernen Zukunft verwirklicht werden soll.

RAUL ZELIK Sie haben mit dem Einwand, dass Unsicherheit seit jeher zur proletarischen Existenz gehört und es dementsprechend im Kapitalismus immer auch ein Ich-Regime gibt, zweifellos Recht. Und man kann sicher auch festhalten, dass sämtliche Herrschaftsverhältnisse, auch nichtkapitalistische, Angst hervorbringen und benötigen. Ich würde aber dennoch behaupten, dass der Neoliberalismus kollektives Handeln heute noch viel erfolgreicher blockiert als in der Vergangenheit.

Worauf will ich hinaus? Man kann zunächst einmal festhalten, dass es dem Neoliberalismus offensichtlich gelungen ist, die globalen Lebensverhältnisse auf der einen Seite zu homogenisieren und zu vermassen, auf der anderen aber auch die Wahrnehmung dieser Verhältnisse zu fragmentieren und zu individualisieren. Das hat wesentlich mit der Umwälzung der Arbeitsverhältnisse zu tun. »Die Fabrik« ist als Produktionsort von Reichtum nicht unwichtiger geworden, aber die Produktion wurde aufgefächert und verstreut – sowohl in der Gesellschaft als auch global. Das, was früher unter einem einzigen Unternehmensdach, oft sogar in einem einzigen Werk angesiedelt war, wird seit den 1970er Jahren im globalen Raum verteilt und als bewegliches Netzwerk organisiert: Manche Arbeitsformen wurden ins Ausland ausgelagert, bei anderen Produktionen wurden bestimmte Arbeitsschritte an Zulieferunternehmen, Familienbetriebe, Scheinselbständige usw. ausgelagert. Und sogar in den Betrieben selbst hat man Beschäftigungs- und Arbeitsverhältnisse extrem ausdifferenziert.

Diese Transformation des Arbeitslebens hat auch deswegen relativ reibungslos funktioniert, weil sie gesellschaftlichen Wünschen entgegen zu kommen schien: Die Auslagerung von Produktion in Niedriglohnregionen hat in Europa zwar massiv Beschäftigung vernichtet, aber eben auch Konsumprodukte verbilligt. Und die Umwandlung von Beschäftigungsverhältnissen in formale Selbständigkeit – z.B. wenn das Marketing nicht mehr in den Unternehmen selbst, sondern von den »freien Kreativen« der Medien- und Grafikagenturen entwickelt wird –, dann kommt das den Selbstbestimmungswünschen auf den ersten Blick sehr entgegen. Erst nach und nach dämmert es den Kreativen, dass ihre Freiheit heute vor allem darin besteht, eine 60-Stunden-Woche selbst zu verwalten.

Durch diese Fragmentierung der Arbeit ist die Konkurrenz zwischen Gruppen und Individuen drastisch verschärft worden – global, aber auch konkret an jedem Ort.

ELMAR ALTVATER Diese Diskussion wurde in Italien seit den 1970er Jahren geführt. Die Fabrik als »kardinaler Ort des Klassenkampfes«, so der Soziologe Theodor Geiger schon in den 1920er Jahren, verlor immer mehr ihre »Zentralität«, und die nach 1968 so stark betonte *centralità operaia* schwand dahin in dem Maße wie die Fabrik vom Management mit den neuen Management-Strategien »in der Region zerstreut« wurde: *fabbrica diffusa* war nun die Losung, auf die die so starke und militante Arbeiterbewegung Italiens keine angemessene Antwort fand. Der Klassenkampf braucht einen konkreten Ort. Verschwindet der und mit ihm auch die Fabrik, in der die Arbeitenden sich als konkrete Subjekte sammeln und dann kollektiv kämpfen können, bleibt allenfalls die von Hardt und Negri ins Zentrum strategischer Überlegungen gerückte *multitude* einzelner Individuen. Die Ortlosigkeit der *fabbrica diffusa* könnte auch als »U-topia« übersetzt werden, als ein »Nirgendwo«. Aber das wäre eine schwarze Utopie, eine Dystopie.

RAUL ZELIK Der Neoliberalismus hat aber nicht nur die Arbeits- und Lebenswelten aufgefächert, sondern auch die Verinnerlichung ökonomischer Verhältnisse erfolgreich vorangetrieben. Auch hier stimmt natürlich, dass die Geschichte des bürgerlichen Liberalismus (der mit der Geschichte des Protestantismus bekanntlich eng verknüpft ist) schon lange, mindestens seit dem 16. Jahrhundert, mit einer Erziehung zur Selbstbeschränkung und Ökonomisierung des Ichs einherging. Darüber schreibt Max Weber in seinen Schriften zur calvinistischen Ethik, aber noch deutlicher wird das in Foucaults Überlegungen zur Gouvernementalität entwickelt: Gutes Regieren beruht dem Liberalismus zufolge nicht auf Verboten und der Macht zu deren Durchsetzung, sondern umgekehrt auf der Selbstbeschränkung des Souveräns, der lernt, *ja* zu sagen. Der Liberalismus setzt auf eine affizierende, produktive Macht, die sparsam, mit möglichst geringen Mitteln agiert. Laissez-faire beschreibt demnach nicht nur das ökonomische Prinzip, den Markt walten zu lassen, sondern allgemeiner die produktive Selbstbeschränkung der Macht: Es handelt sich um eine Zurücknahme des äußeren Zwangs, die es erlaubt, Machtverhältnisse zu intensivieren.

ELMAR ALTVATER Gouvernementalité kann ja auch als Regierung (Gouvernement) durch Beeinflussung der Mentalität interpretiert werden. Regieren ist also mehr als die Nutzung der Medien von Recht, Geld und Macht nach verfassungsmäßigen Regeln, mehr als ein Wirken der Regierenden auf die Regierten, sondern hat etwas mit der Konditionierung der Individuen zu tun, die sie dazu bringt, das Geschäft des Regierens nicht nur passiv zu ertragen, sondern sich daran aktiv, aber subaltern zu beteiligen. Mitwirken ist also verlangt, aber subaltern bitte sehr. Das bedeutet, dass niemand auf Veränderung über die Weiterentwicklung des Status quo hinaus zielt.

RAUL ZELIK Das wäre eine Interpretation, die vom Deutschen ausgeht, denn Gouvernementalité leitet sich von *gouvernemental* ab, »die Regierung betreffend« und nicht von »Mentalität«. Aber als Assoziation kann man das sicher behaupten.

ELMAR ALTVATER Ich weiß nicht, ob man das so interpretieren sollte. Denn der Witz besteht doch eigentlich darin, dass sich das Regieren als *gouvernement* in der Mentalität, im Denken, Fühlen, Bewusstsein der Regierten absetzt und daher den Gegensatz von Regierenden und Regierten im Sinne der besseren Funktionsweise des Herrschaftssystems aufhebt.

RAUL ZELIK In der Sache ist das sicher richtig, aber bei Foucault gibt es diese Assoziation der Begriffe »Mentalität« und »Gouvernementalité« nicht. Die Frage ist aber auch nicht so wichtig, weil es selbstverständlich auch bei Foucaults Gouvernementalité um ein »produktives« Regieren geht, dass die Kräfte der Individuen freisetzt ...

Sie werden jetzt vielleicht einwenden, dass auch das bereits eine Beobachtung von Marx war: Im Kapitalismus sind Zwänge subtiler und unsichtbarer als in der feudalen Gesellschaft, weil sie subjektlos über den Markt vermittelt werden. Der Markt zwingt uns zu einem bestimmten Verhalten, ohne dass dieser Zwang politisch formuliert werden müsste, und wir lernen sehr früh, diese Regeln zu verinnerlichen.

Im Neoliberalismus ist diese Selbstregierung aber noch umfassender und intensiver geworden. In den 1960er und 1970er Jahren herrschte in den kapitalistischen Industriestaaten – von den sozialistischen ganz zu schweigen – ein enormer Normierungsdruck: Man hatte Angst, aus der Rolle zu fallen. Die Revolte von '68 war dementsprechend auch ein Aufbegehren gegen Normen. Heute wirkt es hingegen fast umgekehrt: Der hegemoniale Diskurs propagiert geradezu das individuelle, kreative Individuum, das lustvoll, »anders«, auch ein bisschen *crazy* sein soll. Es werden irritierend widersprüchliche Signale ausgesandt: Einerseits gilt nach wie vor die bürgerliche Doktrin von Sparsamkeit und Zurückhaltung, die uns dazu ermahnt, Reichtum in die Akkumulation zu investieren. Andererseits wird aber auch der absatzfördernde Konsum-Hedonismus als Lebensmodell angepriesen.

Merkwürdigerweise führen diese widersprüchlichen Botschaften nicht zu einer Krise des hegemonialen Diskurses, sondern blockieren eher die Möglichkeit zur Rebellion. Alle Lebenskonzepte scheinen – anders als noch in den 1960er und 1970er Jahren – kapitalistisch besetzt. Selbst die Flucht aus dem System ist Teil des Systems geworden, und gerade die Jüngeren sind dazu aufgerufen, in beiderlei Hinsicht zu reüssieren: in der Anpassung genauso wie in der Individualisierung.

Ich habe den Eindruck, dass das die Angst zu scheitern verschärft hat. Als ich den Roman *Der Eindringling* geschrieben habe, in dem es um einen jungen, unzufriedenen, aber unpolitischen Mittzwanziger geht, habe ich mich oft gefragt, warum es den Jüngeren trotz der Krise so schwer vorstellbar scheint, sich politisch zu artikulieren. Eine Erklärung könnte sein, dass die unterschiedlichen Lebenskonzepte so umfassend kapitalistisch durchdrungen sind, dass Aufbegehren kaum noch vorstellbar ist. Die Einzelnen sind davon in Anspruch genommen, sich auf allen Feldern fit zu halten: sparsam mit den eigenen finanziellen Mitteln umgehen, die eigene ökonomische Zukunft planen, sich für den Beruf aus- und weiterbilden, gleichzeitig aber auch körperlich trainieren und diese selbstunternehmerische Strategie ins Freizeitleben tragen – den Spaß maximieren, Weggehen als Wettbewerb. Auch die Verlagerung des Drogenkonsums auf leistungsfördernde Mittel ist ein Ausdruck davon: Anders als vor 40 Jahren geht es nicht mehr um den Ausbruch aus Leistungsverhältnissen, sondern um deren Intensivierung: Man nimmt Drogen, um mithalten zu können – bei Prüfungen, im Beruf oder eben beim Weggehen.

Ich denke, dass das alles eine Subjektivität formt, die soziales Handeln blockiert.

ELMAR ALTVATER Sie haben Recht, das ist etwas anderes als der von Marx betonte »stumme Zwang der ökonomischen Verhältnisse«. Ich würde allerdings den Bruch, den Sie seit 1968 konstatieren, in Frage stellen. Auch 1968 wurde gekifft, um aus den bürgerlichen Normen auszubrechen und gleichzeitig den Drive zu bekommen, um im Leistungswettbewerb Stiche zu machen. Und Leistungen mussten in allen Lebenslagen erbracht werden, nicht nur am Arbeitsplatz, auch im Bett oder in der Küche – 1968 wurde ja die *nouvelle cuisine* entdeckt, oder es wurden italienische, französische, chinesische Rezepte ausprobiert (von denen die Elterngeneration keine Ahnung hatte). In Wohngemeinschaften oder in Freundescliquen wurde sogar um die Wette gekocht. In Österreich hat man für den neuen Typen des leistungsprinzipiellen Hedonisten einen neuen Namen erfunden: »Bobos«, die »Bourgeois-Bohemiens«.

Das Leistungsprinzip ist im gesamten bürgerlichen Zeitalter, also nicht erst heute, man könnte fast sagen:

eine totalitäre Macht. Weil es nicht nur jedes Individuum physisch und psychisch bis zum Äußersten treibt, sondern weil es die moderne, kapitalistische Gesellschaft formt und verformt. Es ist ein Ausruck des der Moderne eigenen Rationalisierungsdrucks, möglichst viel Gewinn mit möglichst wenig Aufwand zu erzielen. Das hat zur Folge, dass wir alles wegdrücken, was der Rationalisierung im Wege steht. In der Psychologie heißt das Verdrängung, in der Soziologie Marginalisierung, in der Ökonomie Externalisierung. Das ist natürlich nicht einfach vergleichbar, folgt aber einem gemeinsamen Prinzip: alles das aus der Betrachtung zunächst auszugrenzen, was die Rationalität des Handelns der Individuen in der bürgerlichen Leistungsgesellschaft stört. In einem zweiten Schritt kann man dann das Verdrängte bearbeiten, das Externalisierte internalisieren, das Marginalisierte integrieren. In der Ökonomie ist es offensichtlich, dass ohne Externalisierung von Kosten und ohne Zugriff auf eine äußere Natur die Rationalität oder Profitabilität der kapitalistischen Ökonomie leiden würde. Vielleicht wäre es zu dem heutigen Turbokapitalismus ohne Externalisierung gar nicht gekommen. Von diesem Gesichtspunkt aus betrachtet, ist Externalisierung also höchst rational, und es zeugt von Beschränktheit, wenn Umweltökonomen fordern, die externen Effekte zu internalisieren, damit »Preise die Wahrheit sagen«. Externalisierung sei irrational, wird uns erzählt, denn Preise senden falsche Signale, die zu falschen Entscheidungen führen, die die Rationalität des Systems untergraben. Doch ist gerade die Externalisierung mikroökoomisch rational in der kapitalistischen Moderne, und für die makroökonomische Rationalität ist niemand subjektiv verantwortlich. Deren Zustandekommen wird der

»unsichtbaren Hand« des Marktes überantwortet. Dann kommen hohe Renditen von Einzelkapitalen und von Finanzvermögen zustande. Aber diese Rationalität ist nur realisierbar durch die Plünderung des Planeten Erde und die Überlastung aller Schadstoffsenken. Es ist also zweifellos richtig: Die Rationalität der Externalisierung hat uns viele Probleme eingetragen: die Folgen der Plünderung der Ressourcen unseres Planeten, die Überlastung der ökologischen Tragfähigkeit.

Zu Begriff und Praxis der Externalisierung kann man nur gelangen, wenn man die Totalität von Natur und Gesellschaft in sich wechselseitig jeweils externe »Subsysteme« aufgliedert. Diese Aufspaltung haben wir mit unseren Wissenschaftsdisziplinen brav mitgemacht. Wir haben uns spezialisiert. Was vom Markt nicht geregelt werden kann, weil es nicht in Geld auszudrücken ist, interessiert den Ökonomen nicht. Das Bienensterben ist Sache der Biologen, die Zunahme von Kriminalität in der Wirtschaftskrise etwas für Soziologen, und um die Depressionen von Arbeitslosen sollen sich die Psychologen kümmern. Jetzt entdecken die etwas sensibleren Zeitgenossen, dass es so nicht weiter geht, dass wir einen »Paradigmenwechsel« brauchen, dass wir vom Ganzen her, holistisch unser Weltverständnis entwickeln müssen, dass wir auch bei unseren Strategiediskussionen vom Ganzen her, also holistisch argumentieren müssen, um nicht immer auch mit den Alternativen in dem zu landen, was Marx »die alte Scheiße« zu nennen beliebte. Wir brauchen also eine Vorstellung von der Totalität des Weltgeschehens.

Das ist eine Utopie. Utopien sind immer holistisch. Um sie zu erreichen, müssen wir also unsere Rationalität der Moderne überwinden, in Richtung einer höheren Rationalität, als sie die Logik des Leistungsprinzips erlaubt. Wir haben uns ja in diesem dialogischen Buch daran gemacht, »Utopien zu vermessen«. Wir hatten schon darauf verwiesen, wie vermessen dieses Unterfangen ist. Nun wird auch deutlich, dass wir unsere Maßstäbe, an denen wir messen, in Frage stellen müssen. Vielleicht müssen wir lernen, nicht nur in einer Dimension oder in zweien zu denken, sondern in mehreren.

RAUL ZELIK Ganz sicher. Wir müssen neu bestimmen, was es bedeutet, demokratisch, links, revolutionär, sozialistisch ... zu sein. Befreiung hat an ökologischen, globalen, antiinstitutionellen, kritischen Dimensionen dazu gewonnen.

Die Rationalitätskritik, die Sie angesprochen haben, spielt in dem Zusammenhang eine zentrale Rolle. Das ist ja eine Erkenntnis der Frankfurter Schule, an die sich die mehrheitlich antideutschen Adorno-AnhängerInnen von heute nur noch ungern erinnern: Horkheimer, Adorno, Marcuse und andere aus der Frankfurter Schule haben gezeigt, dass nicht allein der Kapitalismus, sondern das Denken der europäischen Moderne als solches ein Problem darstellt. Nicht die kritische Vernunft hat einen Siegeszug erlebt, sondern die zweckgebundene, instrumentelle Vernunft. Adorno/Horkheimer verfolgen das bis in die europäische Urerzählung zurück, nämlich bis zur homerischen Odyssee, deren Held ein Prototyp des bürgerlichen Subjekts sei. Die Frankfurter Schule stellt das Zivilisations-, Lebens-, Konsum- und Rationalitätsmodell der westlichen Moderne radikal in Frage und bereitet damit einer grünen, antimodernistischen Linken den Weg, die die kritische Vernunft gegen instrumentelle Rationalität verteidigt.

Ich würde aber gern noch einmal auf die Frage der Subjekte zurückkommen.

So wichtig die Erkenntnisse der Gouvernementalitäts-Diskussion sind, habe ich den Eindruck, dass diese Debatte lähmend wirkt. Wir haben beide gerade selbst den totalitären, totalisierenden Aspekt bürgerlicher Herrschaft betont – ein Argument, das von der Frankfurter Schule im Übrigen ganz ähnlich hervorgehoben wird wie bei Foucault. Das Problem an dieser Darstellung ist, dass Macht dadurch als so umfassend und total erscheint, dass politische Praxis aussichtslos zu werden droht. Der Philosoph Byung Chul-Han, der in Deutschland ja zuletzt ein wenig in Mode gekommen ist, ist ein emblematisches Beispiel für eine derart entpolitisierte Gesellschaftskritik. Byungs an Foucault angelehnte Kritik neoliberaler Ich-Optimierung (etwa in *Psychopolitik*) schlägt in einen allgemeinen Kulturpessimismus um. Wir seien Anhängsel unserer technischen Geräte geworden, behauptet er, ein Ausbruch nicht mehr möglich, Rettung könne nur von außen kommen: von »Idioten«, die sich außerhalb der digital-neoliberalen Lebensweise bewegen. Eine derartige Kritik erfreut sich an dem Düsteren, das sie beschreibt, sie überzeichnet jede kritische Beobachtung, und am Ende fällt ihr nichts mehr als Abwarten ein. Vielleicht wird diese Kapitalismus-Kritik im bürgerlichen Feuilleton auch deswegen so ausführlich diskutiert: Sie tut nicht weh und ist im Ernstfall leicht zu widerlegen.

Wir sollten also die Kurve kriegen und die konkrete Frage stellen, wo und wie das Soziale – trotz der uns in 300 Jahren Liberalismus antrainierten Gesellschaftsphobie – zurückkehrt, wo sich konkret-utopische Praxis entwickelt und wie wir an sie anknüpfen können. Sie haben vorhin die politische Bewegung *Podemos* in Spanien erwähnt. Ich halte das auch für ein sehr ermutigendes Phänomen: Mit der 15M-Bewegung 2011 hat in Spanien eine erstaunliche Re-Politisierung der Gesellschaft eingesetzt. Von meinen Freunden haben viele die 15M zunächst mit Skepsis beobachtet: Als sich die Plätze in Madrid, Barcelona und anderen Städten der iberischen Halbinsel füllten, richteten sich die Forderungen der Bewegung zunächst pauschal »gegen die Politik«, »die Korruption«. Zudem war die Bewegung – ähnlich wie die deutschen »Piraten« – ziemlich technikfetischistisch: Ständig wurde die Mobilisierung im Netz hervorgehoben, das idiotische Schlagwort von der »digitalen Bewegung« geisterte herum. Und schließlich waren die meisten Demonstrierenden junge Mittelschichtsangehörige, die sich darüber beklagten, dass sie keine ihrer Ausbildung entsprechenden Jobs fanden. Das alles wirkte erst mal sehr begrenzt, fast ein bisschen elitär.

Trotzdem hat dann mit der Bewegung innerhalb weniger Wochen eine beeindruckende Re-Politisierung der spanischen Gesellschaft stattgefunden. Die Menschen haben mit ungeheurer Geduld und großem Vergnügen auf den Plätzen diskutiert. Sie haben die rätedemokratische Form, die Vollversammlung, nicht als Zumutung empfunden, sondern als sozialen Akt zelebriert. Und sie haben sehr schnell eine meiner Ansicht nach intelligente strategische Position entwickelt – nämlich die Kritik der ökonomischen Verhältnisse mit der Forderung nach einer radikalen Demokratisierung der Gesellschaft verbunden.

Ich habe den Eindruck, dass das große Ähnlichkeiten zu den Entwicklungen in Lateinamerika seit den 1990er

Jahren aufweist: Dort sind die verfassunggebenden populären Prozesse der 1990er und 2000er Jahre – mit *popular* ist gemeint, dass die Verfassungen nicht von Expertenkommissionen erstellt, sondern zumindest teilweise in gesellschaftlichen Debatten und unter Beteiligung subalterner Gruppen (Indigene, Bauern, Slum-Bewohner, Frauen ...) erarbeitet wurden und dementsprechend von diesen Klassenperspektiven geprägt sind – aus dem Widerstand gegen den Neoliberalismus hervorgegangen. Die Verknüpfung ist so naheliegend wie überzeugend: Der neoliberale Kapitalismus ist autoritär, weil er immer mehr Lebensbereiche ökonomisiert und damit der demokratischen Entscheidung entzieht. Man könnte fast sagen, die für den Neoliberalismus charakteristische Form bürgerlicher Herrschaft ist nicht länger die parlamentarische Demokratie, sondern Technokratie. Und genau dagegen sind die lateinamerikanischen Bewegungen entstanden: gegen das Diktat von IWF und einheimischen Eliten.

Die spanische Bewegung 15M hat auf ähnliche Bruchpunkte verwiesen und diesen Politikansatz damit nach Europa geholt. Sie hat die Entdemokratisierung im Kapitalismus thematisiert. Die Bewegung 15M ist 2012 zwar abgeebbt, aber eben auch nicht verschwunden. Ich würde sagen, sie hat sich in konkrete Lebensbereiche verlagert. Mit der Bewegung gegen Zwangsräumungen *Plataforma de los Afectados por la Hipoteca* (PAH) ist eine Organisation entstanden, die Selbsthilfe, Sozialarbeit, antiinstitutionellen Widerstand und Reformpolitik miteinander verbunden und Hunderttausende Menschen erreicht hat. In Andalusien sind Basisgewerkschaften wie die Landarbeiterorganisation SAT stärker geworden. In Katalonien überlagern sich die Mobilisierungen der Unabhängigkeitsbewegungen und soziale Kämpfe in den Stadtteilen auf komplexe Weise. Und in Madrid und anderen Städten schließlich ist vor allem das Phänomen *Podemos* zu beobachten. Es ist eine Partei entstanden, die die herrschenden Institutionen von innen zersetzen will. Ein demokratischer Prozess von unten soll die Regeln der Politik neu aushandeln – ein konstituierender Prozess, ähnlich wie in Lateinamerika.

Es geht sicherlich nicht darum, die lateinamerikanischen Bewegungen mit ihrem Personenkult und der nationalistischen Symbologie zu kopieren. Aber ich würde doch behaupten, dass wir in Europa – ähnlich wie *Podemos* das tut – den lateinamerikanischen Impuls doch mindestens in dreierlei Hinsicht aufgreifen sollten:

1) Die Krise der Repräsentation öffnet nicht nur dem Rechtspopulismus das Feld, sondern verweist auch auf ein gesellschaftliches Bedürfnis nach einer Neuerfindung von Demokratie und Politik. Aus dem Frust gegenüber »der Politik« – und das bedeutet unter anderem: gegenüber klassischen, auch linken Repräsentationsformen – kann sich eine Re-Politisierung entwickeln. Dafür müssen wir die antiinstitutionelle Aneignung und Ausweitung von Demokratie von unten auf die Tagesordnung setzen.

2) Gesellschaftliche Transformationen entwickeln sich heute offensichtlich jenseits der klassischen Dichotomie »Reform vs. Revolution«. Die konstituierenden Prozesse und radikaldemokratischen, antineoliberalen Bewegungen Lateinamerikas haben die politischen Machtverhältnisse zumindest vorübergehend aus den Angeln gehoben und Perspektiven weiter gehender Veränderungen eröffnet. Sie waren keine sozialen Revolutionen, aber sie haben doch das Tor zu grundlegenden Veränderungen wieder aufgestoßen.

3) Damit stellt sich auch die Frage nach dem Verhältnis von antiinstitutionellen und herrschaftsimmanenten Politikformen neu. Wir müssten viel mehr damit experimentieren, wie antiinstitutionelle Bewegungen Institutionen stürmen können, wie sich also politische Machtapparate von innen und außen auf den Kopf stellen lassen. In Barcelona ist aus der Bewegung gegen Zwangsräumungen (PAH) der Vorschlag für eine alternative Bürgermeisterkandidatur entwickelt worden, die Bewegung *Guanyem*, die nicht mit der Linken über ein Bündnis verhandelt, sondern eine Basisbewegung geschaffen hat, die die politische Linke vor sich hertreiben soll. Es kann sein, dass dieses Projekt gescheitert ist, bevor dieses Buch in den Druck geht, aber die Idee scheint mir dennoch sensationell richtig. Aus Stadtteilversammlungen heraus eine politische Bewegung aufbauen, um die Wahlen zu gewinnen – ohne Parteiapparat und antiinstitutionell, aber innerhalb der Institutionen. Eine demokratische Revolution.

ELMAR ALTVATER Es bleibt uns gar nichts anderes übrig, als derartige Experimente in Angriff zu nehmen. Denn wie Sie beschrieben haben, funktioniert das Prinzip Gouvernementalité auch im Sinne der Regierenden nicht. Es ist ein intelligentes Konzept, so wie die Leibniz'sche Vorstellung von der »prästabilierten Harmonie« oder die Adam Smith'sche Erwartung einer subjektlosen Regelung des Marktes durch die *invisible hand*. Das Prinzip Gouvernementalité unterscheidet sich davon grundsätzlich dadurch, dass das aktive Moment der Regelung letztlich durch zwei im Prinzip gleichberechtigte Akteure in Bewegung gesetzt und gehalten wird, durch die Regierenden und die Regierten. Aber sie bilden doch einen einheit-

lichen Mechanismus der neoliberalen Herrschaftssiche-
rung, in dessen Mahlwerk Ansprüche nach Demokratisierung zerkleinert werden. Aber genau diese Ansprüche
finden breite Unterstützung und lösen fantastische, weil
fantasievolle Bewegungen aus, durch die die Ansprüche
in konkrete politische Forderungen übertragen werden,
die nicht dazu beitragen, die »alte Scheiße« zu reprodu-
zieren. Manchmal sind diese symbolischer Natur. Man
darf kein »nur« in diesem Satz schreiben. Denn Symbole
sind wichtig für die politische Identität und daher auch
die Entwicklung einer politischen Bewegung.

Wenn wir den Blick von Lateinamerika und den süd-
europäischen Ländern nach Osteuropa und in den ara-
bischen Raum richten, wird die Bedeutung der Symbole sichtbar. Und noch etwas wird in diesem Kontext
deutlich: die Gefahr, dass Bewegungen gekapert werden
können. Wenn auf dem Maidan faschistische Symbole
auftauchen, hat das sehr konkrete realpolitische Bedeutung, zumal wenn internationale machtpolitische Interessen intervenieren, im ukrainischen Fall in Sonderheit
die der USA und der EU, für die die Konflikte und Bewegungen in der Ukraine Material der Manipulation in
einer atlantischen, geopolitischen Auseinandersetzung
um die Hegemonie in der Welt sind.

Sie weisen dennoch zu Recht auf Lateinamerika hin
als eine Art Labor für viele der auch auf dem »alten Kon-
tinent« zu bearbeitenden politischen Alternativen. Die
Frage der Symbole ist dabei aber weniger wichtig ist als
die der gewünschten Richtung der zukünftigen ökonomischen, sozialen und politischen Entwicklung und ihrer Widersprüche. Alternativen – mit wem, gegen wen,
ohne wen und wohin? Diese Frage lässt sich natürlich nur

beantworten, wenn man die wechselseitigen Interessen zur Kenntnis nimmt und wenn man sich die jeweiligen Schwierigkeiten eines Ausgleichs der Interessen auf dem Erfahrungshintergrund der jeweiligen Subjekte vor Augen führt. Die Schwierigkeiten haben verschiedene Dimensionen: ökologische, aus der Natur einer Landschaft sich ergebende, die, wie Fernand Braudel hervorhebt, eine »lange Dauer« haben; oder sie stammen aus kulturellen Traditionen, aus der politischen Geschichte eines Landes; oder sie folgen ganz aktuellen Beweggründen, einer »Schnäppchenjagd« zum Beispiel, bei der der Horizont über die kurze Frist nicht hinausreicht.

Greifen wir die in Lateinamerika heftig diskutierte Strategie des Neo-Extraktivismus als Beispiel heraus. Lateinamerika verfügt über immense Naturreichtümer. Der Subkontinent wurde ja nicht umsonst von den spanischen Eroberern für ein »El Dorado«, ein goldenes Land gehalten. Aber Lateinamerika hatte »offene Adern«, wie Eduardo Galeano in seinem Klassiker schrieb, durch die der Reichtum und der Lebenssaft des Subkontinents jahrhundertelang abgesaugt wurden. Die Saugpumpen wurden nicht nur von außen angesetzt, sondern auch von innen und eine autochthone Grundbesitzerklasse und Kompradorenbourgeoisie und das viel verspottete Lametta-Militär, das allerdings zu grausamer Unterdrückung von Volksbewegungen fähig war, profitierten davon, den Reichtum des Kontinents zu plündern.

Nun sind die Militärs nach den brutalen Diktaturen des 20. Jahrhunderts fast überall desavouiert, die liberalkonservativen Regierenden werden durch die im Zuge der Globalisierung zerriebene Kompradorenbourgeoisie nicht mehr gestützt. Linke Bewegungen sind in vielen

Ländern entstanden, sie haben in einigen Ländern die Regierungsmacht übernehmen können und haben angefangen, den Naturreichtum an mineralischen, energetischen und agrarischen Rohstoffen nicht mehr durch die »offenen Adern« mit Hilfe der transnationalen Konzerne abfließen zu lassen. Sie nutzen ihn selbst zur ökonomischen Entwicklung, für soziale Projekte zur Bekämpfung des Hungers und der Armut, zur Finanzierung einer »solidarischen Ökonomie«, zur solidarischen Ausweitung der internationalen Zusammenarbeit.

Das sind neue Möglichkeiten, den Rohstoffreichtum für die armen Menschen zu nutzen, die bislang nichts davon hatten. Aber hat diese Stratege eine Zukunft, wenn die Rohstoffbasis schrumpft und der Erdball ungastlich wird für die menschlichen Bewohner (und für viele andere Lebewesen auch)? Ulrich Beck und andere klassifizieren ja den Klimakollaps und anderes ökologisches Ungemach als »demokratisch«. Alle sind betroffen, ohne Unterschied. Schöne Demokratie.

Allerdings ertönen auch seriöse Stimmen, die gegen den Extraktivismus auf die vielen und in der Wissenschaft wohl bekannten *peaks* und *planetary boundaries* verweisen, d.h. auf die Grenzen einer auf Rohstoffausbeutung gründenden Strategie. Diese kann vielleicht kurzfristig Entlastung bringen, mittel- und langfristig nicht.

Man kann ganz »rational« die Reichtümer unseres Planeten Erde in den »Wohlstand der Nationen« durch einen Prozess, der Inwertsetzung genannt wird, verwandeln. Das ist die Verwandlung von Natur in Naturkapital. Aber man wird mit dieser sehr primitiven ökonomischen Rationalität der kapitalistischen Moderne, den Grenzen der Ressourcen und der ökologischen Tragfähigkeit des

Planeten Erde nicht gerecht. Man kann nicht begreifen, dass die imperialistisch den Erdkreis umspannende »Rationalität der Weltbeherrschung« immer nur geeignet ist, einen Teil des Ganzen zu erfassen und dass sie deshalb auf Externalisierung angewiesen ist. Dem kann nur mit dem holistischen Ansatz von dem inneren Zusammenhang aller scheinbar getrennten Ereignisse begegnet werden.

Wenn man holistisch die neo-extraktivistischen Strategien der linken lateinamerikanischen Parteien und Regierungen betrachtet, wird man schnell die Kurzsichtigkeit erkennen können: Man kann keine langfristig angelegte ökonomische und politische Entwicklungsstrategie auf die Ausbeutung begrenzter Ressourcen gründen. Wenn wir die »lange Dauer« in unsere strategische Überlegungen einbeziehen, müssen wir auch einen Übergang, eine Transformation in Richtung einer nicht auf Extraktion beruhenden Wirtschaftsweise und Gesellschaftsformation denken und planen. Mich hat in dieser Hinsicht der von Ugo Bardi verfasste *Bericht an den Club of Rome* von 2013 über den »geplünderten Planeten« beeindruckt: Wir haben die Extraktion der Rohstoffe schon bis zur Plünderung des Planeten fortgesetzt. Irgendwann ist Schluss und dann müssen wir unsere planetarischen Müllhalden auf noch Verwertbares durchwühlen und unser Leben und Arbeiten darauf einstellen, dass der Planet kein unendliches Füllhorn ist. Die Bergleute von heute werden die Müllmänner und Trümmerfrauen von morgen. Das ist eine enorme Herausforderung für jede Transformationsstrategie. Die strategischen Optionen schwinden im Lauf der Entwicklung sozusagen dahin und damit auch – das kann jedenfalls nicht ausgeschlossen werden – die »revolutionäre Emphase«, die Begeisterungsfähigkeit für etwas aufregend Neues. Eine politische Strategie der Linken muss also kurzfristig Entlastung bei den Lebens- und Arbeitsbedingungen bringen und gleichzeitig eine mittel- und langfristige Perspektive auf »begrenzter Kugelfläche des Planeten Erde«, wie Immanuel Kant sagte, bieten. Diese muss glaubwürdig sein und einen gangbaren Fortschrittsweg weisen, also kurzfristige Lösungen für drängende Probleme bieten und mittel-und langfristige Perspektiven eröffnen. Das erfordert intellektuelle und programmatische Anstrengungen und zugleich diskursive Formen, die über die Form Partei hinausgehen.

RAUL ZELIK Sie sagen es ein bisschen durch die Blume: Wenn es zum Politikwechsel kommt, verbleibt die Alternative doch meist in der »alten Scheiße«. Die antineoliberale Revolte in Lateinamerika hat eine größere Autonomie gegenüber dem IWF, den Weltmarktkonzernen und der US-Regierung durchgesetzt und damit die sozialpolitischen Spielräume der Regierungen erweitert. Aber der Extraktivismus, der utilitaristische Umgang mit der Natur, die Entwicklungslogik – alles Ausdruck (post-) kolonialer Beziehungen – haben sich weiter verfestigt. Und das liegt nicht nur daran, dass es ja eben keine sozialen Revolutionen, sondern nur Transformationsprozesse waren. Im 20. Jahrhundert konnte man beobachten, wie Entwicklungsmodelle, Naturverhältnisse und Arbeitsorganisation bei unterschiedlichen – kapitalistischen und staatssozialistischen – Eigentumsformen recht ähnlich ausfielen.

Sie betonen immer wieder – völlig zu Recht – dass eine revolutionäre Alternative heute in erster Linie ökologisch und global sein müsste. Dass wir eine andere Lebensweise brauchen, andere Begriffe von »gutem Leben«. Und ich denke, wir haben in unserem Buch vor sechs Jahren auch sehr klar benannt, dass wir die Umwälzung der Eigentums- und Klassenverhältnisse nicht für den einzigen zentralen Angelpunkt einer antikapitalistischen Alternative halten. Es geht, wie der kritische Marxismus seit mindestens den 1940er Jahren betont, auch um eine eigenständige Umwälzung des Naturverhältnisses, der Geschlechterbeziehungen, Arbeitskonzepte und -teilungen usw.

Sie haben gerade gesagt, Utopien wären notwendigerweise holistisch. Wir brauchen einen großen Paradigmenwechsel, etwas radikal Anderes, eine umfassende Alternative. Früher hat man das Revolution genannt, heute sind wir mit dem Begriff auch deshalb vorsichtiger, weil so unbestimmt ist, was er eigentlich meint: den Bruch mit oder in der Staatsmacht, die Enteignung von Großunternehmen, die kulturelle Rebellion – alles zusammen? Und selbst dann: unter welchen Vorzeichen?

Wir haben beide auch gerade konstatiert, dass das große Andere mit Bewegungen beginnt, die sich an konkreten, oft rein symbolischen Fragen entzünden. Das war früher nicht anders, aber die Vermittlung zwischen dem Konkreten und dem Utopischen schien naheliegender. Heute sind emanzipatorische Bewegungen ausgesprochen skeptisch, was ein Gesamtprojekt angeht. Sie wollen nicht unbedingt die Staatsmacht, sondern die Dinge im Konkreten, »von unten« verändern. Das ist einerseits sympathisch und nicht falsch, hinterlässt andererseits aber eine gewaltige Leerstelle und verstärkt das Gefühl der Ohnmacht.

Dass religiöser Fundamentalismus und nationalistische Rechte sich heute in der ganzen Welt im Aufwind befinden, hat ja auch damit zu tun, dass sie im Gegensatz zur Linken an der Realisierbarkeit eines »radikal Anderen« festhalten. Die religiöse und ethnizistische Rechte hat zwar nichts als gequirlte Grütze zu bieten, wie dieses Andere aussehen sollte, aber allein ihr radikales, antagonistisches Auftreten verleiht ihr Relevanz.

Der Linken fehlt heute die messianische Überzeugung, dass es radikal anders gehen könnte. Aus gutem Grund: Der rational begründete Messianismus, der der Linken seit dem 19. Jahrhundert so eine enorme historische Kraft verliehen hat, hat auch große Tragödien verursacht. Der große Plan der Befreiung wurde den Gesellschaften, die um konkrete Lösungen gekämpft hatten, aufgeherrscht. Die russischen Bauernsoldaten wollten Land und Frieden. Die messianische Überzeugung der Revolutionäre, dass das neue Zeitalter angebrochen ist, hat sie zur Industrialisierung und Kollektivierung angetrieben – über bestehende, teilweise durchaus solidarische Strukturen hinweg. Darüber sind zahllose Bücher erschienen, und wir haben darüber bereits diskutiert ...

Worüber wir allerdings wenig gesprochen haben, und das erkennen wir vielleicht auch erst nach und nach, ist der Sachverhalt, dass dieser Messianismus von links auch gewaltige Tragödien verhindert hat. Damit will ich jetzt nicht auf das Standardargument der Kommunisten hinaus, die Stalins Zwangsindustrialisierung bis heute damit rechtfertigen, dass ohne diese die Nazis den Krieg gewonnen hätten ... Mir geht es um etwas Prinzipielleres: Ohne die »große Erzählung« von Revolution und Befreiung hätte es möglicherweise überhaupt keine sozialen und demokratischen Fortschritt gegeben, hätte die Destruktivkraft der bürgerlichen Ökonomisierung des Lebens noch viel ungebändigter gewirkt, hätten reformistische, konterre-

volutionäre Linke niemals »historische Kompromisse«
aushandeln können. Und wahrscheinlich hätten auch die
Siegeszüge des reaktionären – religiösen und ethnizisti-
schen – »Messianismus« noch früher eingesetzt und wären noch verheerender ausgefallen.

Wie verschaffen wir also der ökologischen, demokra-
tisch-kommunistischen Utopie, von der wir behaupten,
dass sie vernünftig und notwendig ist, eine Schärfe, die
nicht in Verblendung umkippt? Wie kommen wir wieder
zu einer »großen Erzählung«, die die Differenzen und kleine Erzählungen nicht zuschüttet? Und wie verhalten wir
uns zu dieser Lücke zwischen den konkreten Anliegen von
Bewegungen und der großen holistischen Utopie?

Vielleicht wird mein Problem mit Hilfe einer bana-
len konkreten Frage deutlicher: Warum bleibt der lateinamerikanische Anti-Neoliberalismus, in dem indigene
Bewegungen ja durchaus auch ein anderes Naturverhält-
nis propagiert haben, in der »alten Scheiße« verhaftet,
nämlich im postkolonialen Extraktivismus? Lässt es sich
ausschließlich mit den »Sachzwängen staatlicher Politik«
und den Klassenverhältnissen der betreffenden Länder
erklären? Mit einem »unvollständigen Bewusstsein« der
Bewegungen? Hätten diese Revolte revolutionärer aus-
fallen können?

ELMAR ALTVATER Utopien sind in die Zukunft gerichtet, aber
wir haben jetzt vor allem über die Vergangenheit geredet. Das müssen wir auch, denn nur so wird gelernt.
Aber wir handeln in der Gegenwart, um etwas zukünf-
tig zu verändern. Dieses abstrakte und möglicherweise
auch banale Wort könnte man leicht durch Lieder aus
der Arbeiterbewegung Europas, aus der Jugendbewegung
oder aus der heutigen Popmusik ergänzen. Bewegungen

entwickeln sich »aus dunklem Vergangenen«, sind aber »der Zukunft zugewandt«. Sie sind gleichzeitig skeptisch bis pessimistisch und optimistisch. Die Mischung kommt nicht auf Rezept irgendeines Meisterkochs zustande, sondern ergibt sich sehr situationsspezifisch, in den Andenländern Lateinamerikas anders als im Nordirak oder in Berlin-Kreuzberg. Doch dabei müssen wir immer Braudel im Hinterkopf behalten: Wir denken, debattieren und handeln in einer Geschichte, die aber verschiedene Schichten hat, die der langen Dauer und die der aktuellen Ereignisse.

Das ist der ontologische Grund für die Kritik an den linken Regierungen Lateinamerikas und an dem Neoextraktivismus als wirtschaftspolitischer Strategie. Es ist keine Strategie, die den notwendigen langen Atem für eine in die Zukunft weisende Entwicklung aufbringt, die weitsichtig wäre.

Natürlich sind soziale Verbesserungen heute und sehr schnell notwendig und sinnvoll. Aber um welchen Preis morgen und übermorgen? Die Berücksichtigung der verschiedenen Schichten der Geschichte ist auch deshalb enorm wichtig, weil die Subjekte der Geschichte, die sie machen, in aller Regel kurzfristige Interessen – »hier und heute, sofort« – verfolgen. Das ist verständlich und im revolutionären Prozess ein Machtfaktor. Wie in Russland, wo es im Oktober 1917 nicht um den Aufbau des Sozialismus ging, sondern um »Frieden jetzt« und um Land für die landlosen Bauern zum Überleben. Ich glaube nicht, dass Transformationsprozesse heute so anders bewertet werden. Sie müssen die aktuelle Lage verbessern – warum sonst sollte man sich für die Weltverbesserung engagieren? Es sind doch die selben Subjekte der bürgerlichen

Gesellschaft, die ihren Job tun, entfremdet in ihrer Gemeinschaft leben, protestieren und demonstrieren, wenn das Fass der Zumutungen überläuft, von denen aber auch erwartet wird, dass sie sich als Subjekte des Aufbegehrens gegen den finanzialisierten Kapitalismus zur Vorhut der Alternative eines *green capitalism* oder gar eines *green socialism* des 21. Jahrhunderts aufschwingen.

Aber das alles bedeutet auch, dass man zweierlei tun muss: die kurzfristigen drängenden und dringenden Forderungen erfüllen, sie in einen einsichtigen und durchsetzbaren politischen Kontext bringen mit unterstützenden gesellschaftlichen Klassenkonstellationen, und eine längerfristige Strategie der *longue durée* entwickeln, die auch eine Änderung der Strukturen der gesellschaftlichen Reproduktion einschließt. Dabei ergeben sich mit Sicherheit Divergenzen zwischen langfristiger Vision oder Utopie und den kurzfristigen Interessen.

Linke Politik hat hier eine Vermittlungsaufgabe in Zeit und Raum. Das ist nicht identisch mit den in den Debatten der Gegenwart im Zentrum stehenden Widersprüchen zwischen sozialer und ökologischer Frage, zwischen Wachstum, Arbeitsplätzen und Naturerhalt.

Die Mehrschichtigkeit historischer, auch revolutionärer Prozesse, kommt ja auch in der Sprache zum Ausdruck. Wir verwenden den Revolutionsbegriff für den Sturm auf die Bastille, für die französische Revolution, für den Sturm auf das Winterpalais, die russische Revolution, die zwar Regime umstürzten, was sehr schnell gehen kann, nicht aber die Produktions- und Lebensweise grundlegend von heute auf morgen veränderten. Um nicht immer wieder die »alte Scheiße«, in die die Revolutionäre gerieten, zu erwähnen, kann man auch chaostheoretisch argumentieren. Der politische Umsturz, Revolution genannt, wirft politische Regime, auch gesellschaftliche Machtverhältnisse über den Haufen, und das ist nicht wenig und sehr häufig eine historische Notwendigkeit. Aber der »seltsame Attraktor« der kapitalistischen Produktionsweise bleibt, wird sogar gestärkt.

Wir sprechen aber auch von der neolithischen, von der fossil-industriellen Revolution und meinen damit radikale, grundsätzliche Umwälzungen von Produktionsweise und Energiesystem, von Kulturen und Religionen, die sich über Jahrhunderte, wenn nicht Jahrtausende hingezogen haben. Vielleicht ist der notwendige Übergang zu erneuerbaren Energien und zu einer solidarischen Produktionsweise ebenfalls ein sehr langwieriger, zeitraubender Prozess in der *longue durée*, was nicht bedeutet, dass nicht auch aktuelle Kämpfe stattfinden, große Veränderungen in Angriff genommen werden. Erst im Nachhinein ist es möglich, das Revolutionäre in den revolutionären Ereignissen zu begreifen. In einer ungünstigeren historischen Konstellation wäre der Sturm auf die Bastille vielleicht so verlaufen wie die Novemberrevolution in Deutschland.

RAUL ZELIK Manche KritikerInnen haben unserem Gespräch vor sechs Jahren ja vorgeworfen, es habe zu wenig Widerspruch gegeben, es sei zu harmonisch verlaufen. Aber leider bin ich auch in diesem Punkt Ihrer Meinung: Das leninistische Konzept von Avantgarde ist Mist, es war schon vor 100 Jahren Mist, und es gilt, Demokratie und das Politische heute neu zu erfinden – mit Vielen. Aber eine organisierte gesellschaftliche und politische Linke hat darin eine wichtige Rolle, sie ist heute vielleicht sogar noch entscheidender als früher: als eine Kraft, die das

Entstehen sozialer Räume gegen die Gesellschaftsphobie des bürgerlich-liberalen Projekts der schrankenlosen Inwertsetzung vorantreibt und Strategien entwickelt, wie konkrete Anliegen durchgesetzt und Lebensverhältnisse sofort verändert werden können. Gleichzeitig muss sie sich aber auch als politischer Raum verstehen, in dem Diskussionen über längerfristige Strategien geführt werden und der sich um eine Vermittlung zwischen unmittelbaren Forderungen und langfristigen Transformationen bemüht. Damit bleibt aber auch die Frage: Müssen wir letztlich utopischer oder konkreter werden?

ELMAR ALTVATER Wir müssen beides vermitteln in der konkreten Utopie. Das hat ja Ernst Bloch mit Leidenschaft und scharfem Verstand formuliert. Eine Utopie wäre gedankenloser Optimismus, ein Wunsch als Vater des Gedankens, wenn sie nicht an den realen Verhältnissen des Hier und Heute anknüpfen würde. Dadurch wird so etwas begründet und eingeleitet wie ein »utopischer Prozess«. Vom schon erwähnten »dunklen Vergangenen« brechen wir in die Zukunft auf, genauestens und sehr konkret die gegenwärtigen Umstände zur Kenntnis nehmend und in Rechnung stellend. Wir wollen diese Umstände verändern, wollen aus den Mechanismen von Herrschaft und den Zyklen der Verwertung heraus, die ja auch in einem Prozess der Sicherung von Herrschaft und Verwertung fortentwickelt werden.

Wir haben darüber geredet, wie die Regierten als Konsumenten in die Mechanismen der Selbstregierung eingebunden werden. Was als Fetischismus und Entfremdung bezeichnet worden ist, wird als Gouvernementalité zu einem Amalgam von Regierung und Selbstregierung geformt. Dass dies auch nur eine Etappe in einem Prozess von Herrschaft und Verwertung ist, kann man an der Weiterentwicklung der Gouvernementalité in Zeiten des Internet beobachten. Millionen und Abermillionen Individuen sind in eine *Community* ohne viel Aufhebens via Internet, also Twitter, Facebook und ähnliche »Dienste« einbezogen. Die Individuen werden zu »Freunden«. Freundschaften muss man nicht per Eintrag in ein Poesiealbum schließen, das ist viel zu kompliziert. Man kann dies auch mit einem Mausklick auf einen *Like*-Button tun. Dann gehört man dazu, und die Vergesellschaftung besorgt das Programm von Facebook, Linkedin oder Twitter. Als auf diese Weise sozialisiertes Individuum – man erinnert sich dunkel an die Bücherregale voll mit Literatur zur Sozialisation, Individuierung, Persönlichkeitsbildung –, als Dazugehörige braucht man keine Utopie des ganz Anderen. Die konkrete Utopie wird also von der oder in der *Community* gestohlen. Sie wird sozusagen *gehackt*.

Der Neoliberalismus heute wird also nicht nur durch Gouvernementalité, wie Foucault ausführte, gestützt, sondern auch durch die Internet-Community, die sich sogar etwas darauf einbildet, dass der Staat, seine Institutionen und sein Personal unwillkommen sind und, so es geht, vor die Tür gesetzt werden. Was der Staat macht, kann man auch selbst, zum Beispiel *Überwachen und Strafen*, um den Titel eines Buches von Foucault zu zitieren. Dabei kann man sogar den Eindruck von Freiwilligkeit, Transparenz und Partizipation vermitteln. Herrschaft und Verwertung funktionieren also nicht mehr durch dafür spezialisierte Mechanismen oder Apparate (durch die von Louis Althusser so bezeichneten repressiven Staatsapparate), die Individuen sind in den

Zusammenhängen der Gouvernementalité und der Internet-Communities kafkaeske Bestandteile eines schon totalitären neoliberalen Systems.

Umso notwendiger die Utopie des Ausbruchs aus dem Käfig der Community. Aber eine konkrete Utopie muss es sein. Sie muss von den gegebenen Verhältnissen ausgehen, den Weg aus den »Systemzwängen« weisen und das anpeilen, was schon heute imaginierbar und mehr noch: was heute bereits machbar ist. Das Utopische, auch das Dystopische, ist politisch, weil es in unserer Hand liegt, was wir daraus – kollektiv – machen. Das haben alle großen Denker, die die Zukunft zu gestalten beanspruchten, so gesehen, Ernst Bloch im *Prinzip Hoffnung*, Hans Jonas im *Prinzip Verantwortung* oder Robert Jungk in seinem posthum erst kürzlich erschienenen *Sonnenbuch*. Ein neues Kapitel könnte beginnen, wenn wir ihre und auch anderer »Utopisten« Ausführungen reflektieren würden, um Baupläne und vielleicht Baumaterial, auf jeden Fall aber auch Bauarbeiter und Bauarbeiterinnen des Bauwerks der Zukunft zusammenzubringen.

Bibliografie

Agamben, Giorgio: Die kommende Gemeinschaft. Berlin 2003

Althusser, Louis: Ideologie und ideologische Staatsapparate. Aufsätze zur marxistischen Theorie. Hamburg 1977

Altvater, Elmar / Mahnkopf, Birgit: Globalisierung der Unsicherheit. Arbeit im Schatten, schmutziges Geld und informelle Politik. Münster 2002

Altvater, Elmar: Die Zukunft des Marktes. Ein Essay über die Regulation von Geld und Natur nach dem Scheitern des »real existierenden« Sozialismus. Münster, 3. Aufl. 1997

Altvater, Elmar: Eine andere Welt mit welchem Geld? In: Wissenschaftlicher Beirat von Attac-Deutschland (Hg.): Globalisierungskritik und Antisemitismus – Zur Antisemitismusdiskussion in Attac. (Reader Nr. 3). Frankfurt 2004 (http://userpage.fu-berlin. de/~roehrigw/altvater/altvater.pdf)

Aristoteles: Politik. München 1973

Bardi, Ugo: Der geplünderte Planet. Die Zukunft des Menschen im Zeitalter schwindender Ressourcen. München 2013

Binswanger, Hans Christoph: Geld und Magie. Eine ökonomische Deutung von Goethes »Faust«. Hamburg 2005

Blissett, Luther: Q. Roman. München 2002

Bloch, Ernst: Das Prinzip Hoffnung. 3 Bde. Frankfurt/M. 1974 (1954–1959)

Bucharin, Nikolai / Preobraschenski, Jewgeni Alexejewitsch: Das ABC des Kommunismus. Zürich 1985 (1919)

Callinicos, Alex: Ein anti-kapitalistisches Manifest. Hamburg 2004

Chandler, Jr., Alfred D.: The Visible Hand: The Managerial Revolution in American Business. Cambridge/MA 1977

Crosby, Alfred W.: Die Früchte des weißen Mannes. Ökologischer Imperialismus 900 1900. Frankfurt/M. / New York 1991

Dath, Dietmar: Maschinenwinter. Frankfurt/M. 2008

Davis, Mike: Die Geburt der Dritten Welt. Hungerkatastrophen und Massenvernichtung im imperialistischen Zeitalter. Hamburg 2004

Dutschke, Rudi: Versuch, Lenin auf die Füße zu stellen. Berlin 1974

Elson, Diane: Market Socialism oder Socialisation of the Market? In: New Left Review, 1/172 (1988), S. 3–44

Engels, Friedrich: Die Entwicklung des Sozialismus von der Utopie zur Wissenschaft. In: Marx-Engels-Werke (MEW), Bd. 19, S. 177–228. Berlin/DDR 1962 (1880)

Engels, Friedrich: Die Lage der arbeitenden Klasse in England. In: Marx-Engels-Werke (MEW), Bd 2, S. 225–506. Berlin/DDR 1972 (1845)

Foucault, Michel: Geschichte der Gouvernementalität I u.II. Frankfurt/M. 2006

Galeano, Eduardo: Die offenen Adern Lateinamerikas: Die Geschichte eines Kontinents. Wuppertal 2009 (1971)

Geiger, Theodor: Die Masse und ihre Aktion. Ein Beitrag zur Soziologie der Revolutionen. Stuttgart 1926

Gesell, Silvio: Die natürliche Wirtschaftsordnung durch Freiland und Freigeld, Les Hauts-Geneveys

1916 (auch: http://userpage.fu-berlin.de/~roehrigw/gesell/nwo/nwo.pdf)

Gill, Stephen: Power and Resistance in the New World Order. Basingstoke/Hampshire 2002

Gorz, André: Kritik der ökonomischen Vernunft. Sinnfragen am Ende der Arbeitsgesellschaft. Berlin 1989

Gorz, André: Wege ins Paradies. Thesen zur Krise, Automation und Zukunft der Arbeit. Berlin 1983

Han, Byung-Chul: Psychopolitik. Neoliberalismus und die neuen Machttechniken. Frankfurt/M. 2014

Hayek, Friedrich August von: Der Weg zur Knechtschaft. Erlenbach ZH 1944

Heinzlmaier, Bernhard: »Der Kapitalismus funktioniert auch mit Blöden« (Interview). In: Wirtschaftswoche, 7.8.2013 (auch: http://www.wiwo.de/erfolg/campus-mba/jugendforschung-der-kapitalismus-funktioniert-auch-mit-bloeden/8607444.html)

Hirschman, Albert: Leidenschaften und Interessen. Politische Begründungen des Kapitalismus vor seinem Sieg. Frankfurt/M. 1987

Hobsbawm, Eric: »Es wird Blut fließen, viel Blut.« (Interview). In: Stern, 20/2009 (auch http://www.stern.de/wirtschaft/news/maerkte/eric-hobsbawm-es-wird-blut-fliessen-viel-blut-700669.html)

Hobsbawm, Eric: Das Zeitalter der Extreme. Weltgeschichte des 20. Jahrhunderts. München/Wien 1995

Holloway, John: Die Welt verändern, ohne die Macht zu übernehmen. Münster 2010

Horvat, Branko: Die Arbeiter-Selbstverwaltung. Das jugoslawische Wirtschaftsmodell. München 1973

Jonas, Hans: Das Prinzip Verantwortung. Versuch einer Ethik für die technologische Zivilisation. Frankfurt/M. 1984

Jungk, Robert: Das Sonnenbuch. Bericht vom Anfang einer neuen Zukunft. Salzburg/Wien 2013

Kracht, Christian: Der gelbe Bleistift: Reisegeschichten aus Asien. Frankfurt/M. 2012

Krätke, Michael: Wirtschaftsdemokratie und Marktsozialismus. 2003 (http://www.praxisphilosophie.de/kraetkewd.pdf)

Laclau, Ernesto / Mouffe, Chantal: Hegemonie und radikale Demokratie. Zur Dekonstruktion des Marxismus. Wien 1991

Lipietz, Alain: Nach dem Ende des »Goldenen Zeitalters«: Regulation und Transformation kapitalistischer Gesellschaften. Ausgewählte Schriften. Hamburg 1998

Marx, Karl / Engels, Friedrich: Die deutsche Ideologie. In: Marx- Engels-Werke (MEW), Bd. 3, S. 5–530. Berlin/DDR 1969 (1846)

Marx, Karl: Das Kapital. Kritik der politischen Ökonomie. 3 Bde. In: Marx- Engels-Werke (MEW), Bd. 23–25. Berlin/DDR 1962–64 (1867/1885/1894)

Marx, Karl: Grundrisse der Kritik der politischen Ökonomie. Berlin/DDR, 1953; auch in: Marx-Engels-Werkausgabe (MEW), Bd. 42. Berlin/DDR 1983 (1858)

Mises, Ludwig: Die Gemeinwirtschaft. Untersuchungen über den Sozialismus. Jena 1922 (auch: http://docs.mises.de/Mises/Mises_Gemeinwirtschaft.pdf)

Mitscherlich, Alexander: Die Unwirtlichkeit unserer Städte: Anstiftung zum Unfrieden. Frankfurt/M. 1999 (1965)

Oppenheimer, Franz: Genossenschaftliche Kolonisation in Palästina. Köln 1910

Packard, Vance: Die große Verschwendung. Frankfurt/M. 1964

Piketty, Thomas: Das Kapital im 21. Jahrhundert. München 2014

Polanyi, Karl: The Great Transformation: Politische und ökonomische Ursprünge von Gesellschaften und Wirtschaftssystemen. Frankfurt/M. 1973

Rendueles Menéndez de Llano, César: Sociofobia: el cambio político en la era de la utopía digital. Madrid 2013

Rossanda, Rossana: Über die Dialektik von Kontinuität und Bruch. Frankfurt/M. 1975

Schumpeter, Joseph: Kapitalismus, Sozialismus und Demokratie. Stuttgart 1980 (1942)

Smith, Adam: Der Wohlstand der Nationen. München 1999 (1796)

Stavrides, Stavros: Towards the City of Thresholds. 2010 (http://www.professionaldreamers.net/_prowp/wp-content/uploads/978-88-904295-3-8.pdf)

Stern, Nicholas: Stern Review Report on the Economics of Climate Change. 2006 (http://webarchive.national archives.gov.uk/+/http://www.hm-treasury.gov.uk/stern_review_report.htm)

Thompson, Edward P.: Plebeische Kultur und moralische Ökonomie. Aufsätze zur englischen Sozialgeschichte des 18. und 19. Jahrhunderts. Frankfurt/M. 1980

Weber, Max: Die protestantische Ethik und der Geist des Kapitalismus. Potsdam 1999 (1920) (auch: http://opus.kobv.de/ubp/volltexte/2005/559/html/PE.pdf)

Zelik, Raul: Der Eindringling. Frankfurt/M. 2012

Žižek, Slavoj: Die Revolution steht bevor: Dreizehn Versuche über Lenin. Frankfurt/M. 2002

Aktuelle Politik

Stephan Kaufmann /
Ingo Stützle
**Kapitalismus:
Die ersten 200 Jahre**
Thomas Pikettys »Das Kapital
im 21. Jahrhundert« –
Einführung, Debatte, Kritik
112 Seiten, 13 Abbildungen

Sebastian Friedrich
Der Aufstieg der AfD
Neokonservative
Mobilmachung
in Deutschland
112 Seiten
13 Abbildungen

Stephan Kaufmann /
Ingo Stützle
**Ist die ganze Welt
bald pleite?**
Populäre Irrtümer
über Schulden
ca. 100 Seiten
ca. 20 Abbildungen

www.bertz-fischer.de
mail@bertz-fischer.de
Newsletter: bertz-fischer.de/newsletter